文化民族主義

Cultural Nationalism

郭洪紀　著

孟樊　　策劃

出版緣起

　　社會如同個人，個人的知識涵養如何，正可以表現出他有多少的「文化水平」（大陸的用語）；同理，一個社會到底擁有多少「文化水平」，亦可以從它的組成份子的知識能力上窺知。眾所皆知，經濟蓬勃發展，物質生活改善，並不必然意味著這樣的社會在「文化水平」上也跟著成比例的水漲船高，以台灣社會目前在這方面的表現上來看，就是這種說法的最佳實例，正因為如此，才令有識之士憂心。

　　這便是我們──特別是站在一個出版者的立場──所要擔憂的問題：「經濟的富裕是否也使台灣人民的知識能力隨之提昇了？」答案

恐怕是不太樂觀的。正因為如此，像《文化手邊冊》這樣的叢書才值得出版，也應該受到重視。蓋一個社會的「文化水平」既然可以從其成員的知識能力（廣而言之，還包括文藝涵養）上測知，而決定社會成員的知識能力及文藝涵養兩項至為重要的因素，厥為成員亦即民眾的閱讀習慣以及出版（書報雜誌）的質與量，這兩項因素雖互為影響，但顯然後者實居主動的角色，換言之，一個社會的出版事業發達與否，以及它在出版質量上的成績如何，間接影響到它的「文化水平」的表現。

那麼我們要繼續追問的是：我們的出版業究竟繳出了什麼樣的成績單？以圖書出版來講，我們到底出版了那些書？這個問題的答案恐怕如前一樣也不怎麼樂觀。近年來的圖書出版業，受到市場的影響，逐利風氣甚盛，出版量雖然年年爬昇，但出版的品質卻令人操心；有鑑於此，一些出版同業為了改善出版圖書的品質，進而提昇國人的知識能力，近幾年內前後也陸陸續續推出不少性屬「硬調」的理論叢

書。

　　這些理論叢書的出現，配合國內日益改革
與開放的步調，的確令人一新耳目，亦有助於
讀書風氣的改善。然而，細察這些「硬調」書
籍的出版與流傳，其中存在著不少問題，首先，
這些書絕大多數都屬「舶來品」，不是從歐美
「進口」，便是自日本飄洋過海而來，換言之，
這些書多半是西書的譯著。其次，這些書亦多
屬「大部頭」著作，雖是經典名著，長篇累牘，
則難以卒睹。由於不是國人的著作的關係，便
會產生下列三種狀況：其一，譯筆式的行文，
讀來頗有不暢之感，增加瞭解上的難度；其
二，書中闡述的內容，來自於不同的歷史與文
化背景，如果國人對西方（日本）的背景知識
不夠的話，也會使閱讀的困難度增加不少；其
三，書的選題不盡然切合本地讀者的需要，自
然也難以引起適度的關注。至於長篇累牘的「大
部頭」著作，則嚇走了原本有心一讀的讀者，
更不適合作為提昇國人知識能力的敲門磚。

　　基於此故，始有《文化手邊冊》叢書出版

之議，希望藉此叢書的出版，能提昇國人的知識能力，並改善淺薄的讀書風氣，而其初衷即針對上述諸項缺失而發，一來這些書文字精簡扼要，每本約在六至七萬字之間，不對一般讀者形成龐大的閱讀壓力，期能以言簡意賅的寫作方式，提綱挈領地將一門知識、一種概念或某一現象（運動）介紹給國人，打開知識進階的大門；二來叢書的選題乃依據國人的需要而設計，切合本地讀者的胃口，也兼顧到中西不同背景的差異；三來這些書原則上均由本國學者專家親自執筆，可避免譯筆的詰屈聱牙，文字通曉流暢，可讀性高。更因為它以手冊型的小開本方式推出，便於攜帶，可當案頭書讀，可當床頭書看，亦可隨手攜帶瀏覽。從另一方面看，《文化手邊冊》可以視為某類型的專業辭典或百科全書式的分冊導讀。

我們不諱言這套集結國人心血結晶的叢書本身所具備的使命感，企盼不管是有心還是無心的讀者，都能來「一親她的芳澤」，進而藉此提昇台灣社會的「文化水平」，在經濟長足發展

之餘，在生活條件改善之餘，在國民所得逐日上昇之餘，能因國人「文化水平」的提昇，而洗雪洋人對我們「富裕的貧窮」及「貪婪之島」之譏。無論如何，《文化手邊冊》是屬於你和我的。

孟樊

一九九三年二月於台北

目　錄

緒言

進入九十年代以來，民族主義（national-ism）在世界範圍內都呈現迅速突起的趨勢，這種趨勢以集中表現和提昇各自族體的宗教、傳統、習俗、價值、利益爲主要特點，因而不斷激勵那些與地緣衝突有關的事態，爲一度和諧寬容的國際環境罩上了陰影。

事實上，在各國的政治發展中，民族主義情緒正在悄然興起，並重新得到僞裝。尤其是隨著冷戰的結束，意識形態和社會制度的衝突逐漸讓位於宗教文化的差異或地緣文明的抗衡，而後冷戰時代的到來，不僅使西方中心主義不斷膨脹，而且也使得衆多國家採取文化主

義立場捍衛自己的傳統和利益。在西方世界，
美國的杭廷頓（Samuel P. Huntington）就以
他的危言聳聽，預測未來的文明衝突將在西方
文化與東方文明之間展開，由此確立一種「新
西方中心意識」；在前蘇聯體系，俄羅斯的久加
諾夫則抱著「後共產主義」心態，極力鼓吹前
蘇聯帝國的復興，用一種改頭換面的大俄羅斯
主義煽動民族情緒，維持冷戰時期的對抗格
局；在第三世界，種族糾紛、宗教衝突、地區
分合，都表明民族主義正在成為一種支配性的
力量，像波黑衝突、巴以對抗、台海緊張、黑
非部族紛爭、歐洲和澳洲的排外風潮等等。這
不能不引起人們的警惕，避免因民族主義蔓延
而對人類生存帶來災難。

　　民族主義是當代世界最為複雜的概念，在
使用上也是最為混亂的概念。嚴格說來，民族
主義是一種包括政治、經濟、社會和文化發展
在內的極為複雜的人類現象，它透過追求民族
滿足感和認同感，而成為排他性的文化心理結
構。民族主義的核心是「族體（或族裔）意識」，

這是由種族、語系、歷史、宗教、風俗的數種
或數種以上的組合，但至少包括：規模龐大的
政治群體，從屬地區的人口結構，一定範圍的
經濟整合，以及共同的權利、情感、識別特徵
等。在某種意義上，「族體意識」歸屬於某一種
文明範式或地緣文化系統，這是形成民族力量
和歸屬感的根本。民族主義的構成來自一個聚
落社會的歷史傳統和文化遺存，然而只有成為
一個政治共同體並與其他民族國家相比較之
後，才具有積極的實際意義。所以，民族主義
的深層涵義是一個族群感到生存受到威脅並產
生文化危機感時出現的強烈反映。

　　民族主義的次級系統包括了政治民族主
義、經濟民族主義、文化民族主義的多層面義
理，其中，文化民族主義始終作為主體性的架
構，用以維繫族體的價值、倫理以及文化取向，
從而把民族的個別性特徵和原則標準化，使之
涵化為普遍性的政治原則和經濟理念。文化立
場的民族主義要求人們在建造自己的社會共同
體時，能夠具備高度相同的道德、哲學、藝術、

習俗和心理情感，這就構成了同一族群所必須的文化信念和基本價值，而政治民族主義和經濟民族主義則爲民族國家的形成、發展提供統治方式和分配機制，因此，族群生活的道德準則和秩序準則主要是由文化民族主義來支配的，這不僅顯示了近代民族國家的歷史脈絡，而且涵蓋了現代政治經濟模式的演變過程。

政治民族主義是以實現新的族體聯盟作爲前提，並在大型社會結構、族群組合以及國家制度中充當自我認同的融合媒介，它的內在理論是：民族整體是國家權力的主體，而不是世襲宗法權力或傳統政治的延續，它的基礎是由全體公民或全部族群所認同的政治社會，而不計較家族、血統、身分或地域的差異，因此，政治民族主義的內在要求包括了政治組織的合理配置，意識形態的相對獨立，以及制度模式的再生功能等等，孕育了現代政治社會的雛型。政治民族主義導致了歐美地區眾多的新型民族國家的出現，是近代文明的重要成果。

經濟民族主義基本上是按照世界通行的自

由主義的經濟理念，來引導民族經濟的建立和發展，即按區域、族群、資源的實際分佈來決定公共投資的方向和工商業的結構，並在跨地區貿易中維持本土經濟的命脈，確定適合自身文化傳統的發展模式。經濟民族主義提出的福利普及的族體利益觀念，與國家經濟內容的符號性價值是一致的，因而傾向把社會目標引向中產階級和下層民眾的收益。經濟民族主義不僅僅只是作為資本主義上升時期民族發展的目標，而且在社會轉型的條件下，亦成為後殖民主義時期和後共產主義時代各國改革的目標，從而步入現代化的環境，以便在保留文化制度的基礎上，開闢獨立發展的道路。

文化民族主義 (cultural nationalism) 基本上屬於一種自我封閉的民族意識，在沒有引入政治民族主義理念之前，它始終強調國家的地緣性與族體的親合性，所以，土地的根源和共同的祖先構成了民族倫理價值的核心，民族也被視為一種絕對的生物模型或歷史模型，這就導致了生物進化觀和歷史決定論在族體意識

中的泛化。它在追求民族生存與國家建造方面，主張恢復歷史文化建構，保持本土價值形態，以便找尋族體內在的原初生機，用來融合傳統與現代。文化民族主義除了保留部族主義和種族主義的某些特徵以外，還深深爲本土性的宗敎文化系統所囿限，並越來越帶有基本敎義派的傾向，它的作用和功能是在一個民族因現代化而導致社會變遷或不安時，對歷史文化和宗教傳統的堅持便可以作爲一種整合媒介，其中的合理性和正當性因此也建立在族群與地緣的區隔之上。當一切價值判準和倫理範式都被溶入民族的文化心理情感時，自我中心意識的膨脹便會演變成文明衝突的根源。

　　文化民族主義內蘊的維繫力量主要來自宗敎、傳統、道德、習俗以及相關的符號性價值，這種文化的齊一性，能夠有效地擴充族體價值的特殊性以及地緣文化的個別性，從而擴大與其他文化或文明的差異，潛隱的衝突機制也越加顯豁。概括起來，文化民族主義的基本特徵，可以從以下幾個層面去認識：

㈠作爲一種族體意識的泛化，通常旨在維持傳統國家形式的合理性，所以，共同的祖先起源、宗教崇拜以及土地的毗連，都構成了民族認同的基礎，並作爲社會動員的基本力量。

㈡作爲一種歷史文明的延伸，始終強調族群文化與族體價值的特別性，所以，民族的識別特徵是依靠國家系統來推廣和傳播的，這就決定了相應的民族情感、道德範式以及文化心理積澱，無法超越傳統，而成爲一種排他性的意識形態系統。

㈢作爲一種政治權力的實踐，一般是在繼承帝國傳統的同時，以維持族緣和地緣的完整爲目標，它的極端化傾向，是全力維護政治統治的合理性和合法性，並迫使每一個成員養成鐵的紀律和秩序去服從單一的社會理念。

㈣作爲一種民族倫理的表顯，一向是以生物型的自然聚落方式來看待族群的歸屬，並以此決定民族的生存與發展，所以，當宗教、道德、習俗、傳統支配了族群的價值取向時，又會激勵自身的特殊主義心態，成爲文明衝突的

根源。

　　㈤作為一種社群理念的維繫，一般是以承
諾同一族體的共同幸福作為最高理念，所以，
道德認同成為族體認同的唯一標準，它只承認
外來的先進物質技術，但不接受相伴而來的文
化價值觀念，以此確保社群關係的純潔性乃至
社會結構的壁壘化。

　　㈥作為一種地緣政治的架構，始終堅持「國
家至上」、「民族至上」的族際關係準則，強調
地緣化政治實體與種群模式的同一性，以便涵
容本土文化價值，培育民族優越感，建立由族
群文化特徵所支配的地域經濟模式和政治生活
模式。

　　㈦作為一種社會轉型的產物，通常是在後
冷戰的環境中充當政治理想主義和烏托邦精神
的代用品，是意識形態對抗張力紓解之後的強
大反彈，所以，一切文化資源都被用來重塑國
家精神和民族價值，並在較深的層面延續原來
的對抗格局。

　　中國作為歷史性的單一文化、單一種族的

文明大國，地域遼闊，族群眾多，雖然文化認同與族體認同未必完全一致，但古老文明中的多神信仰和多元道德，曾導致了中央王朝對周邊部族文化異質性的較大包容。但是，由於自然環境、生態條件、經濟生計以及民族分佈模式等因素的制約，使主體社會的同質性一向來自華夏中心意識的不斷累積，所以，宗教習慣、地緣鄉情、詩歌語言、衣冠服飾、日常行為等等，都被倫理化、政治化了，這是中國民族主義的結構性特徵，它不僅塑造了中國人的外型，也陶鑄了中國人的心靈，而且，由帝國文明演化的天朝心態，也一向是以不寬容態度或最強硬手段來對付同一族群的疏離傾向，滿足族體的完整性和歸屬感。

隨著冷戰的結束，各國均面臨現代化的抉擇，其中的主流趨勢，是文化的共同性逐漸克服了意識形態的差異，這顯然促進了中國大陸、香港、台灣、新加坡以及其他亞洲國家中的華人社區在經濟文化聯繫上的急速擴張，並較之以往走得更加接近。如果中國社會的現代

轉型是以文化認同作爲先決條件，以便重新整
合民族主義資源，那麼未來的最主要的東亞經
濟的整合始有可能，這樣，文化價值與民族利
益的同一性，將構成華人經濟文化區域的基
礎。但是，在文化認同的過程中，長期意識形
態對抗造成的殘餘心態，仍然影響和制約兩岸
關係的發展。海峽兩岸在文化傳統上固然有相
通的一面，但政治經濟制度的差異卻很大，彼
此都不能從現實主義的角度看待各自文化社會
的合理性，這不僅造成了「大陸意識」與「台
灣意識」的對立，也招致了「政治中國」與「文
化中國」的兩難。因此，只有在經濟文化的聯
繫進一步加強之後，經濟慣性和民族自信帶來
的親合力量，才會促使理性的文化民族主義的
提升，開拓對話與合作的管道，並對中國未來
發展產生重大的影響。

　　在當今世界，文化民族主義已經成爲一種
強勢性的政治潮流，它的潛在影響力不僅導致
了分裂半個世紀之久的中歐大國的重新組合，
也促進了一度牢不可破的東歐帝國的迅速崩

解，如果說，文化民族主義曾不斷使族群割據成為地緣衝突根源的話，那麼，在東西方文化相互融合又相互交鋒的格局中，文化民族主義將會取代或加強原有意識形態對抗，並成為新的文化融合或文化衝突的根源。因為冷戰迫使舊的意識形態瓦解之後，無論是西方的、東歐的、儒家的、伊斯蘭的，或是緣於某個族群的價值系統，都在利用這個間隙，來建立自己的影響，而分殊與和解，紛爭與困惑，懷疑與對立，造成了相互的恐懼和不信任，這些後冷戰時期的特點，都與文化民族主義的緣起有關，這正是人們關注的焦點。

《文化民族主義》一書由基本要素、主要觀念、制度框架、衝突根源、展望前景五個部分共二十一節組成。其主旨是從文化民族主義這一人類現象出發，探尋「這個由不同國度、不同族群組成的人類世界，是如何被各自的合理性宗教、哲學以及道德理念深深分裂」的問題，但僅僅反映文化或文明的差殊是不夠的，因為從某種意義來講，文化模式、地域關係、

制度選擇及族體利益分配的差別，並非是人類分裂的實質性因素，而且歷史過程也容忍了這些差別。然而，人類社會長期存在的區域等級化，不僅形成了以西方為世界中心的文化霸權主義立場，也造就了那些弱小的、依賴傳統而生存的眾多第三世界國家的文化民族主義立場。因此，人類是否有能力消除因制度差隔或意識形態分殊造成的裂痕，只能依靠人類自身的文明程度來解決，此即是說，人類文明的普世化將最終削弱因種族、地域、文化產生的排他意識，為不同族群的和諧與和解帶來希望。

第一章
文化民族主義
的基本要素

最初，上帝給了每個民族一只陶杯，從這個杯中，人們飲入了他們的生活。

一、民族的概念與界定

一般認爲，民族是在一定的歷史、人文和地理條件下形成的，以共同的語言、風俗和祖先意識爲基礎，以其他精神和物質要素爲特徵的人類共同體。

這裡，要了解民族的概念，必須先認淸「族裔」的含義。族裔（ethnic）的所指比較寬泛，

既有以氏族、宗敎作爲特定的範疇，也有以語族、敎族的分佈爲特徵，但大多是以種族、部族爲線索來探討，因爲這是保留傳統因素最多的族裔概念。

關於民族的內涵與界定，美國學者史密斯（A. D. Smith）認爲，民族至少包括了七項要素，這就是：(1)相當龐大的人口規模；(2)所屬地區的人口流動性；(3)經濟關係的整合；(4)共同的公民權利；(5)共同的民族情感；(6)共同的識別特徵；(7)共同的對外關係。他強調，民族的界定有二個前提；第一，民族要素只能被視爲對未來民族國家（nation-state）的一種意識或期望，所以，民族認同（national identity）的出現可能先於民族本身的實際形成；第二，識別民族特徵或性格的因素太廣泛，像種族、語言、文化、宗敎、歷史、習俗、服飾、審美等等，只要數種組合，就可以作爲識別特徵，或稱之爲民族特性，這是使本民族與其他民族分開的要素。

由於民族的本義（literal sense）極易與其

他族裔概念相混同，所以有必要加以澄清。

　　近代歐洲革命時出現的「民族」(nations)，是人們最常用的，也是最基本的概念。這裡的「民族」是資本主義產生之後利用原有的族裔意識 (ethnical identity) 發展出來的共同體觀念，所以語言、神話、風俗、族名、傳世符號以及歷史事件，都可以用來構建民族的概念，民族形成過程也就是某一族裔文化及其意識不斷提昇的過程。民族主義 (nationalism) 也成為一部分人為本民族爭取獨立和自決的意識形態或運動。

　　「族體」(ethnonationality) 是歐洲民族觀念形成和民族主義出現以後，世界上其他不發達地區用以動員和團結本族人民的一種共同體意識，它與原有的地域關係、語言類屬、族名範圍、經濟形式、國家組織相一致，本質上屬於地緣政治的概念，但在反對西方殖民主義的過程中，也被當作一種民族意識的象徵體系。

　　「族群」(ethnic community) 是指主要

建立在共同的名稱、共同的神話、共同的價值和共同風俗習慣之上的族體形式，並以祖先的居住地、歷史敍事、民間傳說為文化根源。族群是「族體」概念的泛指，它具有建基在種族、血統、語言、宗教、風俗、鄉土一類的文化要素，以及歷史傳統之上的心理情感和非政治行為。族群作為某種共同體的象徵符號，既有自己的生存空間和與之有關的傳統，包括宗教組織和神職人員，像神廟、儀式、教義等，又有懷舊母題及認同符號系統，像民族英雄、宗教領袖、效忠意識以及草原、森林、山巒、族源地等。族群對於民族的形成和發展具有十分重要的意義，但是，單純強調民族就是族群的延續，是不能成立的；同時，把民族與族群斷然割裂，僅僅認為民族完全是近代工業和理性的產物，也是欠說服力的，因為大多數民族國家沒有經過這一階段，而民族主義的存在卻是一個普遍事實。這對於我們理解文化民族主義是極其關鍵的。

　　「族性」（ethnicity）是一個族群所具有的

性質和特徵，它可能是指史前時代的某些文化特質，也可能是指一種族際關係的衍生物，而族體內在的差異和不同規範可能導致新的社會分層。族性的界定可以涵蓋民族性（nationality）的概念，因為族性所反映的一般是純粹的部族或種族的本質和文化差異，而民族性則被賦予了國家和政治的涵義。在一定意義上，民族是族群的最高形式，因為一個族群的族性首先是對祖宗意識和文化淵源意識的主觀性認同，其次它在客觀上要求組成地域共同體，其形式便是從部落化的地域聚集（regional assemble）發展到建立政治化的民族國家。

　　族群的特徵主要在於它的神話和符號系統的性質，在於它的歷史記憶和相應的文化價值取向。由於在先的族群現象對現在的民族和民族意識都產生重要的影響，因此，族群在現代社會中的定義，具有不容忽視的作用：一是由於政治經濟的傳統性和地域範圍的特殊性，對地緣國家（territorial nation）的形成具有重要意義。二是由於文化形態的特定性和種族特

徵的同一性，對族裔國家（ethnic state）的形成也具有重要意義。這說明，在原有族群基礎上確立的民族共同體，主要是由它們的文化特徵決定的。

　　血統意識和先祖意識是民族自我認同的核心，它最初建立在生物性的血緣紐帶之上，在部落文化和部族制度的演化中，血緣關係日趨鬆弛，先祖意識和地域觀念便成為族群的支配力量。語言和風俗習慣也是較為穩定的民族特徵，因為民族是以文化模式（patterns of culture）來區分的人類共同體，所以文化不僅表現一個民族的外在風貌，而且也是其內在的精神靈魂，其成員的思維方式和行為方式都受到文化模式的制約。

　　社會乃是一群人的共同行動的場所，但行動的來源都是個人，一切生成的動力都要來源於這些個體創造，完成他們的啟示和發現，把他們的社會引領到一個新的生活方式中來。所以，社會是一個族體的承載，一個族群的標誌。不同的社會雖然千差萬別，有的以藝術見長，

有的以宗教見長，有的以富有見長，有的以和諧見長，但是，在一切民族的目的性方面，都具有根本的一致性，因爲民族社會是人類共同播下的，自然希望得到同樣的收成。

有關民族社會的人類學理論，似乎是要依照同一個模子把大多數個體鑄造或複製出來，就像上帝造人或女媧塑人那樣地單純。然而，族群特徵不是生物遺傳規律的結果，而是文化選擇樣式的結果，它決定了民族的素質，也決定了民族的差異。在歷史的長河中，種族繁衍，歲月枯榮，這些都彌合了那種由生命欲望而引起的對強力和超自然的服從，由人們熟知的語言、宗教、哲學、藝術、道德帶來的人文精神，將專注於一種社會的完形，並以文化來解釋行爲的永久性形態。

民族的差異表現在族體形式和社會形態二個方面。在族體形式上，既可以表現爲體質差異，包括膚色、身材、相貌的不同，又可以表現爲心理素質的差異，包括智力、性格、氣質的不同，還可以表現爲文化象徵的差異，如語

言、習俗、飲食、服飾、審美的不同等等。在社會形態上，可以表現爲地域的、制度的、組織的各種差異，以及與民族特徵密切相關的宗教因素、倫理因素、等級因素和個人經歷等，還有族屬意識、族裔觀念等敏感的問題，都是一個民族的社會形態所必須正視的內容。

一個民族在長期的歷史發展中，形成了一定的觀察、思考世界的獨特方式，以及一定的生活、習慣和行爲方式，這就構成了這個民族的傳統，這個傳統是使本民族區別於其他民族標識。而且，一旦傳統形成之後，它又會借助本身特有的歷史慣性來加強和鞏固民族的特徵與文化模式。所以，每當人們提到一個民族或族群時，就會在腦海中自動展現一幅該民族特有的文化圖景，譬如說到中國的蒙古族，其圖景便是：畜群、草原、牧歌、馬頭琴、蒙古包、烤羊肉、奶茶、摔跤、騎射，以及悠久的蒙古文字、成吉思汗、喇嘛教等等，顯然，這些象徵民族識別特徵的文化圖景，從表相上反映了一個草原民族的風貌。熟習台灣高山族的人

們，也會以同樣的方式來描繪這些山地住民的
文化景觀，像蕉園、山地、茅舍、狩獵、網魚、
脚鈴舞、俚鄉歌、婚俗、宴飲、頭飾、圖騰、
族內組織、原始宗教儀式等等，都能顯現另一
個地緣族群的特殊風貌。

　　從根本上講，民族象徵了一種文化模式，
又代表了一種社會形態。那些表現民族文化特
徵的種種構設和措施，例如歷史、歌謠、語言、
文字、服飾、習俗、教育、宗教、道德、理想
等等，是極其複雜的，又是極其深層的。在某
一個族群看來，宗教的眞理、崇拜的英雄、藝
術的美感、生活的制度、價值的標準雖然各不
相同，但只有自己認同的唯一準則，這種觀念
上的文化差異將長期存在於民族意識的分層當
中，成為文化民族主義的研判對象。

二、部族意識濫觴及文化特徵
　　的識別

　　人類無疑是一個生物種群，而且遍佈於世

界各地的人們幾乎有著同樣悠遠的歷史。人類
生活和行為的方式有多種多樣的可能，但一個
部族（tribe ethnic）或一個部落卻只能在這無
窮盡的可能中，去選擇一些來做為文化規範。
選擇的內容包括對待人之生死、青春、婚姻、
家庭的方式，以及在經濟、政治、社會等交往
領域的各種規矩和習慣。如果一個族群在風
俗、語言、教義、藝術、倫理和組織制度上，
充分地實現了它的最大可能，便構成了一個部
族或一個部落的文化模式，或是一種文明的誕
生。

　　早期的部落社會，是以一定的血緣關係作
為紐結、以原始宗教作為象徵符號的族群共同
體，部落文化因此具有許多內在的特徵：一是
穩定性，人們往往以遵奉祖先的遺訓、先人的
倫理準則、以及日常生活習慣來維持內部的秩
序，它意味著生活方式、價值取向和文化心理
結構的內向性，這是穩定的基礎。二是神秘性，
人們對超自然力量的崇拜，使部落文化具有迷
狂、混沌和神秘的特徵，像祈禱、人祭、割禮、

舞蹈、音樂等等，都是一種巫術力量的體現，
而巫術的儀式、器具和咒語也被視爲造福於本
部族。三是封閉性，人們局限於某一狹窄的地
域範圍，透過宗教、神話、祖先意識來強調對
部落首領的效忠，強化成員對共同體的認同情
感，而族內婚姻使部落與外界隔絕，形成了封
閉和排外的傾向。

　　實際上，任何一個部族的文化模式都利用
了一些潛在的人類意圖和動機，包括那些經過
選擇的物化技術和文化方式。而人類擅長模仿
的事實，又是文化的基礎，有關習俗、技術、
禮儀、神話中的經驗，就可以成爲一個特定的
行爲領域，每一個部族或部落也都是以某種固
定形式占有這種特性。

　　一種文化就好像是一個人，是思想和行爲
的或多或少一貫的模式，而每一種文化都會形
成並不必然是其他社會形態都有的獨特意圖。
在印第安部落中，一個女孩的月經初潮可以引
起整個部落的財產再分配，因爲支配社會的動
機並不是在人類同一化的標準下進入生活的，

而是由那些特選的文化精神把這些動機刻蝕在
社會生活中，就像婚姻和宗教一樣，婚姻可以
與交媾的優先權無關，但可以用繁衍種群的方
式提供一切農耕技藝和財富積累的經驗；而宗
教不僅要喻示人們善識榮辱，也教授那些成熟
的女孩尋歡作樂，從婚姻找尋應得的幸福。族
群社會依賴於對已經選擇的目標或實質性的美
德的執著，而各種風俗所激發出來的種族行為
特徵，並不違背這個社會秩序的共同理想。

　　種族 (ethnocentric) 的涵義是指一定範圍
內具有明顯而且可以遺傳的共同生理特徵的人
群，而種族的屬性是指某些社會所特有的那些
顯而易見的心理上和精神上的共同素質，如果
這是文化的重要因素的話，那麼，有價值的心
理素質和某些明顯的生理特徵之間的交互作用
有助於一種文化模式的維持。但是，對種族生
理素質的描繪，是以行為和心理推斷為基礎
的，儘管它使用的象徵符號如膚色、氣質和個
體的完形，能夠構成一個合成的族體，然而只
有文化才能透過人格的內部發展，使人能在行

爲或心理的範圍之外進行那些創造性的活動，
進一步完成一個部落社會的成長。對種族繁衍
的崇拜本來是一種自然的創造力量，如果離開
了它的正當途徑，專注於自己熱衷的生命偶像
時，便會逐漸蛻化成破壞的力量。

　　因此，種族是一種神話的犧牲品，因爲生
理上的遺傳行爲只占人類特徵的很少一部分，
而文化的傳統的承續過程卻起著極大的作用。
當種族因素被用來集合一群有同樣社會經歷或
相同興趣愛好的人時，這個概念只不過是群內
與群外的標誌，當它作爲一個族群象徵時，便
不是指稱實際的生理的同一性，而是文化的同
一性。所以，眞正把一個部族維繫在一起的是
他們的文化，即他們共同具有的觀念和準則。
在這時，受部落文明的囿限，部族只把共同的
血緣遺傳因素以及相關的地域、圖騰、口語、
儀式、風俗等群體要素作爲族性的原初形態，
因而不能提出更高一級的哲學、宗教、道德、
教育、公平之類的價值要求。

　　赫爾德（Johann Herder）是十八世紀德

意志的哲學家，他認為，民族應該是一種有機
的、自然的生命共同體，因此把民族比喻成自
然界的植物或動物，以表達民族所具有的自然
特徵。赫爾德主張民族的生成也會經歷幼年、
成熟、衰老的階段，最後讓位於其他民族有機
體。他認為民族精神是一個民族有機體的中心
或根本，但每個族體的存在本身並非是籠統的
和抽象的，它要在語言、文學、宗教、藝術、
科學、法律等具體方面表現自我，反映自我，
這些自我表達的總和便是一種民族的文化。同
樣，史賓格勒 (Oswald Spengler) 也把人類
族群描繪成一個井然有序的社會有機體，他
說，一個文明的誕生是在這樣的時候：有一個
強大有力的靈魂從一種永遠處於年幼人類的原
始精神狀態中醒來，而且解放了自己，從混沌
當中現出了形狀，從無限和靜止中產生了有限
和變幻的存在，這個靈魂在一片有具體界限的
土壤中開花，像一株植物。

　　由生物論去類推一個民族的生存和發展，
如果指的是原始文明或原始形態的社會組織，

也許不會引起誤解；如果表明一種社會組織形式和它的個體成員的關係，就顯然不合適了。因為按照生物種群的觀念，社會要麼被當做一隻巨大的軟體動物，它的無數個體成員就成了只有簡單知覺的細胞組織，整個文化也成為僵硬的簡單的意識形態思維；要麼被當做某個群居的昆蟲世界或動物王國，而蜂群或獸群為了生態的平衡，便會瘋狂地對它們當中的違反常態者群起而誅之。所以，自然賦予人類必須有一種合理的組織形式，一種道德的理想精神，沒有這些，人類就不能組織自己的社會。正是這些文化精神創造了人的本質，即人性、人倫、人格、人道的普遍原則。

部落社會在喪失活力時，都有二個顯而易見的共同特徵，這就是等級（caste）和專業（specialized）的出現。等級化和專業化的特徵如若放在一個生物公式中，無疑表明人類的個體生命並不同屬一類。它隱藏在一個民族的價值觀念中，使人與人之間有了巨大的差別，像一類動物與另一類動物一樣，而社會就像一

個巨大的生殖實驗廠，專門用來創造這些有著明顯差別的同一種類的不同生命。

當人類社會因種群差異和階級差異變得過於複雜時，達爾文（C. R. Darwin）轉而利用昆蟲世界的組織結構，像蜜蜂、白蟻的生物規律，來證明人類秩序中等級和分工的合理性。但是，人類複雜的社會結構和文化結構，並不能用簡單的生物規則來說明，因為人們之所以去關注紋飾、頭銜、財富和特權，是力圖在分配中大大超過別人，以顯示自己比別人優越。在這種文化演變中，兩性關係、宗教信仰、倫理規範甚至災變禍移、生死輪迴的觀念，都是依據人們能否顯示優越而確立的。如果將這種文化觀念演繹到了部落與部落之間，部族與部族之間，那麼，種族優越和文化歧視的合理性便會支配一種排他主義（antiforeignism）的情緒。

湯恩比（Arnold J. Toynbee）曾經形象地分析了種族中心論的產生，他指出，在西方人的文明意識中，以為皮膚缺少某些色素能夠

產生精神上和心理上的優越感，其實這只是用
生物進化觀念來支持一種虛構的歷史，即白色
種族優越論。然而，在東方人的觀念中，也會
利用一種主觀上的條件，即把沒有毛或少毛，
與精神上的優越感聯繫起來，雖然這種理論與
白皮膚優越論同樣沒有根據，可是沒有毛或少
毛的說法總比皮膚色素少的說法更為動聽，因
為沒毛和少毛的人類至少可以證明同他們的猿
猴親戚距離更遠一些。所以，按生物進化的觀
念去劃分人類差異，很自然地會產生所謂優等
或次劣的種族理論。其實，從十八世紀以來，
西方人滿腦子都是白皮膚優越論，這種以種
族、體質、性格、智力來證明社會組織優越的
思想，是種族主義和殖民主義的根源。

三、族群聚落地緣化及早期文
明的分殊

　　在部落文化中，文明的自然進化論長期占
據著主導地位。人類依靠一種本能力量設法促

使自然界逐漸順從自己的意志，甚至把自然界的一切都看成是自己的存在象徵。所以，維繫族群的因素主要是自然凝聚力，這裡既有血緣、親族的因素，即由同一種族、同一血脈結成的親密關係，又有地緣、生態的因素，包括了長期共同生活的鄉土、環境、山水、景物、資源等等。在這時，生物進化的同樣道理也被賦予地緣的概念，因為肉體之所以產生心靈，心靈之所以能支配肉體，是緣於肉體的每個細胞都有自己的經驗，既然它們不可能用符號或語言來表達自身，那麼滋潤它們的土地和資源也會發揮同樣的凝聚族群的作用。

家庭、社區、信仰和傳統都是人類自我界定的歷史源泉，它們在一個民族發展中具有非常重要的作用。從文化上看，只有地域化的原始村落才能體現這些價值，這是構成民族性和區域性的基礎。人們從中可以抽取某個部族的風俗、倫理、宗教和神話傳說中具有普遍意義的典型，並將它與其他族群的文化模式相區分。顯然，那些不同的文化要素、文化觀念與

地理氣候條件有著密切的關係。這些文化差異，不僅保存在最基層的村落組織和鄉土文化中，也表現在政治架構的歷史傳承和組織制度中。

　　孟德斯鳩（Montesquieu）認為，一個國家的自然條件如氣候、土壤對這個國家的民族精神和氣質有著直接的影響，也影響到民族的性格。他說：「很顯然，大海、山脈和河流不僅是陸地的界限，而且也是族群、風俗、語言和帝國的界限，它們一直規定著世界歷史的範圍。」像居住在沙漠地區的阿拉伯人就與其他地方民族不同，他們的服飾、生活的準則、宗教的儀式以及民族識別特徵均與生活的環境密切相關。

　　一個生活在遠離海岸和由於阻絕而無法與其他民族交往的封閉民族，它的知識、能力、價值只能來自單一的地域，因此構成較為突出的民族特徵，並將它長久保持下去。從這個意義出發，民族也是區域性的典型，它們因此而保留了自己的文明和特性。所以，不了解中國

西藏的民族聚落和文化方式，就無法理解那裡
的人民爲什麼能在高寒、貧瘠、荒凉土地上繁
衍生存的歷史，而宗教的神祕力量給了他們戰
勝險惡環境的頑強意志和守土精神。

　　語音和教義所包含的內容，與區域、城邦、
國家的形成有著密切的關係。當人們用詩歌、
文學、藝術、價值、理想來建造自己的神聖殿
堂時，宗教實際是繼承和充實了民族的地緣文
化。一種語言以書面文字形式保存下來，意味
著它是作爲一種凝固了的文明而存在的。雖
然，不同的部落文化會將自己的特徵嵌入另一
種特徵之中，但這只是部族在區域化的過程
中，實現自我完成的一種方式。由此推之，像
「炎黃子孫」的話語，便是把生活在這塊黃土
地上的人跨時代、跨地域地聯繫起來，結合成
一個「族緣實體」；而「中華文化」的概念，則
是把極具差異的眾多族群、地方土著及外來移
民的各種文化宗教特徵融合到單一性的社會價
值系統中，成爲統一的「民族記憶」。在這裡，
區域或國家並不是一種中立的、無偏執的力

量，實際上總是試圖將文化單一化而不是多元化，這樣才符合文明所規定的目標。

按一定地域去塑造民族精神，是文化的一般性原則，像Culture常常指一個社會在精神教化，即道德程度的提高、美感的普及和智力的發展等方面所取得的成就或現狀。當一個社會或一個族群擁有較高的科學水準、道德水準以及普遍的人文精神時，這個社會或族群就會被看成是有文化的。正是在文化的本義的基礎上，民族與地域是不可分割的。相對說來，在地域上高度集中，在文化和種族上高度齊一的政治共同體演變為民族國家的歷程要簡單得多，它可以不經過部落國家的分裂過程便可以建立起民族的認同機制。

人類聚落的環境、土壤和氣候的差異，顯然是影響到民族差異的重要因素。古代希臘人注意到這一點，認為適合人類生活的地方大概只有幾種類型：樹木茂密、水源充足的山岳型；地勢平坦、排水良好的低地型；充滿沼澤、幅員遼闊的草原型；土地貧瘠、物種稀少

的缺水型等等。人們的體質與性格會隨著自然
環境的不同而有所不同，像尼羅河下游對古埃
及人的體質、性格和社會組織的影響，以及歐
亞草原對西徐亞人的體質、性格和社會組織的
影響，都是十分明顯的。長期繁衍於東亞大陸
的華夏民族，世代生活在這獨特的自然地理環
境中，山水相連，土地肥沃，物產豐饒，景色
秀美，四周被高山、荒漠和大海所環繞，不僅
具有地理氣候的優勢，也有對周邊民族的優越
感，農業文明和生態條件造就了特有的民族性
格，形成了「內諸夏而外夷狄」的種族觀念和
隨之而來的文明分殊意識。

　　地理環境造成的文化優越感，其實是一種
封閉的部族觀念的延伸，它一味強調地域的本
土性（autochthonous character），把共同的
祖先和土地的根源都看成是族緣的核心，因而
不可能超出生物本土論和環境決定論的範疇。
同印度、巴比倫、埃及等文明古國一樣，中國
人也始終以為自己居於天下之中央，是世界上
最文明、最富裕的地方，甚至是唯一的「禮義

之邦」。面對其他民族的文明，又是以文化道德是否相同作為標準，在對外關係方面，一般並不採取開疆拓土的辦法，因為「王地」之外不是不可以歸天朝統治，而是不適合中國人去居住。所以，除了周邊的高山、大川、荒漠之外，中原及東部富庶之地，一直是帝國文明的中心。

　　無論是種族，抑或是環境，如果孤立地看，都不足以成為劃分族群標準的積極因素。在人類已經過去的幾十萬年中，種族和環境都未能足以刺激人類，使其脫離原始的靜止狀態；在人類進入農業文明的幾千年中，種族因素或環境因素也未能促使哪一個族群去脫離自然，追求更高級的文明生活。只是到了近代工業文明出現以後，人類才走到了一個嶄新的階段。這裡，強調文化創造對民族的定義，並不能否定民族區域的文化傳統，因為不同種族、不同地域的個別性文化，無疑都是歷史文明的一部分，而且，它們各自具有的普世性價值，已深深地融合到世界的主流文明當中。

　　有人這樣提出問題，認為在近代工業文明出現以前，東方文明給予西方的東西大大超過了它從西方得到的，這其實是一種不很客觀的評價。像古代環地中海文化圈內，就集中了包括歐洲在內的埃及、巴比倫、希臘、羅馬等各種文明，正是在這裡，出現了農業和貿易，稅收和行政，紡織和園藝，數學和醫學，天文和歷法，時鐘和黃道，字母和書寫，墨水和書籍，文學和音樂，圖書館和學校，硬幣和滙票，象棋和骰子，美容用品和珠寶首飾，上釉的陶器，石雕的建築，四輪的馬車，以及一神論，君主制和一夫一妻制。這些人類文化的著名成果，既影響了東方，又影響了西方。

　　以種族地域作為標誌的古代文明，大多數已經流失了。存在下來的，已經滙合成以宗教為中心的幾大文明系統。而不同部族的演變趨勢是：(1)它們做為某一帝國多族群的一部分，而長期保持其族性，這種多族群現象支持了民族國家的完整形式；(2)它們完全溶合於一個民族之中，而失去自己的特性，這種被同化的原

因，主要是文化方面的，並不是政治方面的；
(3)它們由於對所在國家的統治形式不滿，或是
出於族群之間的不平等和被剝奪感，而發展成
一個新的民族，並試圖建立自己的國家。這第
三種趨勢，既是西方近代民族國家形成時所走
過的道路，又是當代眾多國家或地區分裂的根
源。

四、族裔生態社群化及中心意識的擴張

　　從文化模式看，每一個民族都有自己的獨
特形成史，這主要是由內部因素促成的，但也
不排除外來因素的影響。在表面上，一個社會
可以把它的龐大文化建築在對秩序的理解之
上，也可以建立在對幸福與安寧的期望之上。
但是，從深層去分析，人類文化在由環境或人
的自然需要所表現的動機方面，與某種原始的
群居狀態有關，而群居除了具有親緣、地緣的
內部特徵外，還有神話、敘事、宗教等外在因

素，這些原始文化的形式涵蓋了人們以生活方式、倫理體驗、等級秩序、認知心理爲整合的一體化的組織結構，以便能夠適應自然。

　　在神秘主義（mysticism）的經驗論中，生物世界的弱肉強食的規律，人類死亡與不朽的輪迴，以及從低等生物創造更高級生命的演化，都可以用來支配人們的行爲方式。人們在屈辱和困境中，只能依靠自身想像的最大努力，來實現本群體的神靈的願望。神話總是以人與神、人與魔鬼、或神與魔鬼作爲主要的敍事對象，這是人類借以戰勝各種自然災害和現實困難的夢想，它使人類的各種英雄傳說獲得了創造性能力。神話的退隱或復出，變容或再臨，都給了人類生活的勇氣和信念。

　　神話對於人類文明的起源具有重要的意義，一個神話如果被它的信衆賦予了認同的含義以及不可調和的排他精神，這個傳說中的神就會成爲唯一的媒介，透過它可以體會生命共同體的統一性，並重溫族群生活的舊夢，完成一種社會性組織的建構。而所有的個體成員，

由於有了超越血緣、地緣、業緣之上的人神關係，彼此便有了更加強烈的依賴性和親合性。它維繫著對社會群體的義務，也負載著對族群理想的期望。

在西方民族的酒神文化中，酒神象徵一種價值的獲得，它是透過「生存的一般界限和限制的湮滅」來追求一種心態：即在個人的經驗或集體的儀式中，去強行突破某種限制而獲得一種超越，從而孕育無數的追求與動機。祭祀和娛神活動中出現的狂歡精神，在形式上雖屬非理性行為，卻具有很深刻的理性意義，因為從娛神到娛人的轉換，不惟可以強化神祗的認同，還可以強化群體的凝聚，以及心理意識中的歸屬感，這對於塑造一個民族的文化精神是至關重要的。

在某種意義上，以自然崇拜為核心的原始宗教，是一個民族起源的象徵，因為每個民族都有自己的造人神話和生殖崇拜，以及對神山、神樹、神枝這些象徵族裔生態的圖騰（totemism）。自然崇拜的出現，是由於圖騰

對象代表了某一族群的識別特徵，它並非確指
一個具體的物化對象，而是泛指一種精神的表
達方式，它能將圖騰的符號、標記、禁忌語通
行於所有成員當中，以便區別於其他族群。圖
騰崇拜所具有的降神賜福、消災避難的魔幻意
義，其實代表了一種單向的以地域為中心的族
類生態意識。而祖先崇拜作為圖騰崇拜的變
容，說明人類不僅僅局限於生物神靈的庇護，
而且也把求助的願望投向本族的祖先亡靈，它
的目的是分清血統關係，界定倫理規範，維持
一個族類的完形。祖先崇拜所包含的天佑及
人、靈魂不滅的神聖意義，其實也是一種單向
度的以宗教為中心的族類生態觀念。這表明，
一個族群及相應的倫理文化制度，只能來自它
的原始宗教，換言之，宗教勢必成為促使族類
生態社群化的主要力量。

　　部落時代的社群（communities）就是族裔
因素、地域因素與宗教相結合的產物，它既不
同於原始的血緣組織，也不同於近代出現的社
區組織，而是一種涵蓋了不同宗族成員和外來

移民、以共同宗教場所為軸心的人類聚居形式。在這裡，社群認同（community identity）使人們對自己歸屬於某一種社會關係及相應的宗教文化制度有了精神的認同，並作為群體之間相互依存的關切和維護，宗教的神密力量則賦予他們敬業守成、樂群互助的美德。社群的擴展，使同一信仰價值和倫理規範深入更多的人群，成為一種文明的具像。當宗教生活的範圍超出了原來社群的範圍時，一些更大的宗教社會組織開始迅速成長，建構一個超越族類生態環境的公共空間的可能性也日益突出，一種與國家組織形式適度平衡的宗教系統，將使文明在更大範圍得到擴張。

　　任何宗教都有一個地域化的過程，也有一個一神化的過程。每一個宗教社群的彌撒，使神話和教義融入更多人的靈魂當中，並最終作出取捨。這種以各自宗教為根基的文化整合，決定了一些族群執意追隨基督，而另一些族群卻踏上成佛之路。宗教作為文化的重要載體，構成了各種文明的核心，一些西方學者因此把

文化視為以宗教為主要線索的文明過程或現
狀，常常以「基督教文化」、「儒家文化」、「伊
斯蘭文化」、「印度文化」、「日本文化」等等，
來涵蓋各種文明，這雖然是指一種歷史模式或
社群價值的核心含義，但把文化看做某一族群
按照一定目標進行的教化過程，使宗教對建構
民族形態的作用更加突顯。

　　宗教的結構一般都有二種層面的價值構
成：一是普世性原則（universalistic），即對所
有族群都開放、都有效，而且大體上為一般民
眾所接受、信奉的原則，如儒家思想在中國，
基督教在中西歐，東正教在俄羅斯，伊斯蘭教
在阿拉伯世界，其信奉的民族可能是單一的，
也可能是多種族的，藉著這個原則，可以建立
起有規模的政府，以及人口歸化的管理制度，
它的存在基礎是道德的合理性。二是個別性原
則（particularism），由於宗教不僅要確認各自
的神話、神祇、敘事、教規的神義性內容，也
要決定各自的風俗、習慣、倫理、制度等世俗
性內容，這就必然使一個宗教性的族群被局限

在某個特定的範圍內，並且世代相傳；個別性原則的存在取決於自然的延續性。

宗教文化的實質，是確立一種超血緣、超地緣的世界圖景，所以它首先要求對超自然神靈的認同，以便有世界理性的意義。然而，宗教又要求按自然地域關係去組織社群，因此無法避開民族和主權國家，同時，宗教向俗世社會的移植也不可避免，一種宗教倘若在某個地域安家，則必須要與當地政治建制限定的文化系統相融合。像佛教的傳播一樣，在公元五、六世紀時，佛教完全滲入了中國、朝鮮、越南和日本的文化中，它不僅帶來了價值標準，也帶來了品級制度，宮廷和貴族起初是把新宗教作為維護權力和地位的工具而加以接受的，但過了不久，佛教就主宰了這一地區的眾多民族的文化制度。

初始的宗教文化是一個巨大的網絡，但從中可以追尋到文明的源頭，以及人類風俗、習慣、制度的差異，例如：在中國文化中，受儒家的影響，文明的源頭是「禮」，明禮便是「自

知別於禽獸」；在西方文化中，受基督教的影響，文明的源頭是「罪」，贖罪便意味著擺脫野蠻和蒙昧，這些都蘊涵了深刻的人文精神。這說明，文明是隨著人們結成彼此負有義務的各種社會關係而出現的，而文化源流中的宗教差異，便是形成不同文明的根本。在不同的族群中，由於禁忌和信仰所指的歸屬不同，因而為建立排他性的意識形態提供了基礎，它能夠解釋各種「中心意識」的來源，如種族中心論、地緣中心論、文化中心論這些在現代人看來屬於文明差異的一些觀念。

　　君主制帝國和一神教的出現，結束了部落時代，國家成為社會、族群以及各種宗教倫理文化的最高表現形式，正像馬克思（Karl Marx）所說，王權在混亂中代表著秩序，代表著正在形成的民族，而與分製或叛亂的各附屬國對抗。大多數政教合一的帝國，都是作為政治制度、宗教理念和文化模式的統一，因此，帝國體制下的社群關係，是靠神話、宗教、倫理和強權來維持的，它強調一種以服從為象徵

的群體價值，排斥了個人價值的存在；它強調
一種毫無保留的信仰精神，從而排斥了智慧和
理性；它強調一種代表種族和地域的特殊性原
則，因而排斥了普遍性的平等與公正的原則。
從這個意義講，帝國文明是一個特定族群經過
長期互動而形成的最佳社會規範，它必然代表
了這個族群的整體價值，並帶來文化中心意識
的擴張。

五、民族主義的緣起及文化 心理要素

　　在歐洲歷史上，從文藝復興到後來法國大
革命這300年間，是一個創造新生文明的偉大時
代。在這段漫長的時間裡，社會關係得到進一
步整合，舊制度開始解體，在建構近代民族觀
念和民族主義形態的過程中，種族概念、地緣
功能、民間信仰、以及權力與意識形態統一這
些舊的族體意識已經受到質疑，新的文化構設
開始注意到市民社會與民族共同體的某些關

係，這裡包括：(1)民族認同與國家含義；(2)政治文化與經濟倫理；(3)世俗思想與宗教傳統；(4)社群與公民教育；(5)性別、家庭與傳統道德。這表明，文化因素越來越深入地滲透到民族的建構中。

　　十八世紀是歐洲最為壯觀的文化更新的時期，也是民族觀念和民族主義受到激勵和推動的時期。幾百年的文藝復興和宗教革命帶來了思想啓蒙運動，這為民族意識的覺醒提供了深厚的文化土壤。人們要對過去的宗教、道德、倫理、制度進行重新省思，有意識地批判和繼承那些人類幼年時代的種種發明、藝術、信仰和思想，嚮往新的社會公正。在啓蒙主義者看來，新的制度需要有獻身精神和受到教育的人，創造「優秀的公民」便成了一個「合法的國家目標」。所以，個人是作為民族的產物而出現的，民族主義因此具有肯定人格和價值的內容，而民主主義與民族主義的並行不悖，加深了個人對民族價值的認同，這就必然導致內部的充分協調與民族利益的泛化，成為穩定的社

會理性的體現。

在經濟上，十六世紀開始的資本原始積累與殖民活動，使各君主國之間的爭奪加劇，當時的信條是：「出口製成品，就能積累更多的貴金屬」，它刺激了工業革命和大機器生產的出現，也鼓勵了對殖民地進行原料掠奪的行徑。在整個十八世紀，「愛國者」這個詞在英國和歐洲大陸廣為流行，當時的英國哲學家博林布魯克（John Bolingbroke）就此評論說，愛國者是指「在一個自由政體內感受它的祖國，或更為確切地說，熱愛公眾福利的人」，他主張，「如果是真正的愛國者，就應該將他的思想和行為服務於他的國家的利益」，博林布魯克說的「國家的利益」（national benefit）其實就是「民族的利益」（national benefit），所以他又明確地指出，「民族利益是政府最終和真正的目的。」顯然，「愛國者」代表了一種近代的民族觀念和情感，並且從中可以得到對民族、國家、政府、政體的最明晰的解讀。

在政治上，各國相繼發生的資產階級革命

則是推動了民族主義的運動。在英國完成「清
教徒革命」一百年後，美國率先在北美大陸取
得了獨立，接著又傳播到歐洲。這一時期，國
家關係、族群關係、政治關係都發生了深刻的
變化，其中最重要的思想是否定舊的王權和制
度。人們意識到，在戰爭中為一位住在遙遠的
城堡裡過著奢侈生活的君主犧牲生命，遠不如
為他的國家而犧牲更為鼓舞人心和更加合理，
正像1740年出現的〈統治不列顛〉這首歌曲唱
到的：「國家不像你們所讚美的，必當等待暴
君垮台。」這種反叛意識的潛在價值，是認同
和參與以民族主義作為旗幟的新的政治革命。
新教精神也支持了這一過程。所以，國旗發展
了一個民族的神話，國家法典和憲法開始成為
新的聖經。當法國的流血革命和拿破侖對外擴
張從更大範圍瓦解舊秩序的時候，又提供了一
種更為強烈的刺激，更多的族群和地域集團開
始意識到它們的民族身分。在以後的幾十年
裡，民族意識在整個歐洲瀰漫，德意志人、俄
羅斯人、波蘭人、捷克人、羅馬尼亞人、塞爾

維亞人、克羅地亞人、希臘人、丹麥人等等，
即使有的還沒有自己的民族國家，卻也具有了
自我民族意識。

　　民族主義在西歐的出現，基本上是一種文
化選擇的結果，對此，普拉米那茲（J‧
Plamenatz）這樣認爲，民族主義即是文化的民
族主義，因爲民族國家是一個獨立的政治共同
體，當人民去建造自己的國家時，最好具有相
同的文化習俗和態度，尤其要有共同的社會理
想和共同的價值。有關民族主義的緣起，蓋勒
訥（Ernest Gellner）主張，沒有工業化和理性，
就根本不可能有什麼民族主義，因爲象徵民族
文明的是一種價值系統，它圍繞著人的願望而
形成，並衍生不同層次、不同架構。一般說來，
民族主義的價值可以依次分爲功利、倫理、審
美和宗敎幾個層次，這裡，功利價值的經驗性
最強，因爲它和人對物質利益需求聯繫在一
起，而物質又是可以經驗的對象，所以，在民
族主義觀念中，族體利益是高於一切的；其次
是倫理價值，儘管族際關係是以利益分配關係

作為調節的，但是，它必須引入公平、正義，
理性等抽象的價值原則，使經驗性的利益追求
受到限制，因此圍繞利益而進行的掠奪和紛
爭，必須要由倫理的價值標準來規範，否則民
族主義就無法約束，這是確立族際關係的基本
準則；其三是審美和宗教的價值，這種價值不
僅隱藏在種族、地域、制度、習俗等現實生活
層面，也隱藏在教義、道德、美感、情緒等精
神心理層面，並決定民族主義的取向。這意味
著，民族主義有時是出於利益要求，有時是出
於倫理規範，有時則是情感和意識形態的體
現，它的基本脈絡仍是一種文化模式的象徵體
系。

　　民族主義在西方興起以後，非西方文明的
國家或區域也有自己的民族體認方式，它包括
兩種範疇：一是在某些歷史性的政治大國中，
始終起作用的是文化與種族的意識，它是君主
制度的帝國文明的象徵，依靠傳統的宗教精神
和倫理規範來維繫，當這些主權國家遭到西方
列強的步步進逼時，為了反抗殖民主義壓迫，

維護原有民族國家獨立，也會從傳統的族體意
識中，滋生出文化立場的民族主義，以發揮民
族認同的作用；二是在一些被西方殖民勢力強
占的殖民地中，為了爭取民族解放和民族獨立
而出現的民族主義運動，在這裡，始終起作用
的是原有的部族文化價值，但有時也會接過西
方民族主義思想作為工具，發揮凝聚民族精神
的作用。這兩種非西方的民族主義表現形式，
儘管各不相同，但有一個共同點，就是都要訴
諸自己的文化傳統和政治制度的內部資源，特
別是以族類為中心的民族主義意識。

　　以族類為中心的民族主義觀念，是指以傳
統社會的經濟文化觀念為背景，直接從物競天
擇、優勝劣汰的生物規律或歷史模式出發，來
判定本民族的生存與命運，是對部族意識的一
種發展。就中國而言，人們對「非我族類，其
心必異」的看法根深蒂固，它不僅可以演繹出
「華夷之辨」的種族認同觀念，還可以演繹出
「體用之辨」的倫理認同觀念，從而把傳統宗
教、制度、風俗、禮儀的存在都看成是合理的，

所以，區別中國與非中國的文化心理要素，始
終是祖先意識、地緣意識以及政治歸屬意識，
做爲民族性基礎的道德和制度因此也成爲區分
本民族與外民族的標準。其實，這是一種典型
的文化民族主義的初始意識。

　　就整個近代歷史而言，民族主義的出現既
有積極的正面影響，也有消極的負面作用。有
人甚至認爲，民族主義的負面作用大大超過它
的正面影響，這主要是從民族主義的實際效果
來觀察的。首先，民族主義是被當作任意使用
的矛和盾，像西方在實行擴張主義時，是用宗
教、科技一類的文化力量衝陷對方的殖民地社
會，爲殖民主義創造了條件，在實行保護主義
時，又是用制度、價值一類的文化建構來捍衛
自己的領地，爲帝國主義霸權提供支持；其
次，民族主義又被當做雙刃的利劍，既可以用
來打擊異己力量，消除內部的分裂和叛亂，又
可以用來凝聚疏離因素，顛覆和瓦解統一的帝
國，既可以用來捍衛自由、平等、民主的傳統，
又可以用來作爲抗拒理性、價值、人權的有力

武器；其三，民族主義又被做爲具有多重性格的面具，既可能爲民族國家發展提供動力，又可能爲國際關係緊張帶來隱患，還可能爲了實現某種政治目標去愚弄大衆的情緒。總之，民族主義其實是不同歷史時期和不同制度國家的不同的文化策略。

嚴格地講，民族主義是包括了經濟、政治和社會心理因素在內的極爲複雜的人類文化現象，它不是一種具體的社會建構，但要爲某一種政治形式提供合法性基礎；它不是一種具體的制度模式，但要爲一種群體共同參與的目標提供動力和源泉；它不是一種具體的意識形態系統，但能夠用其潛在的符號、價值、審美和情感來爲一個民族提供精神力量。

第二章
文化民族主義
的主要觀念

　　文化，旣是一個民族塑造自己的源泉，又是一個民族認識和改變自己所處環境的中介。

一、民族主義的族體認同與文化認同

　　民族主義是當代世界最爲複雜的概念，在使用上也是最爲混亂的概念，它不像封建主義或資本主義、保守主義或自由主義那樣，都具有一些最爲明晰的政治涵義或理論要義。民族主義的流派、內容和性質是多種多樣的，在人們看來，民族主義就像是一隻變色龍，它可以

和各種不同的價值標準相結合，形成種類各異、甚至不同性質的民族主義觀念。在這裡，最根本的支配力量是一個族體的文化價值系統和與之相聯繫的政治權力結構，所以，任何民族都有他們自己的民族主義的表達方式。

　　在當代，民族主義通常不是以一種運動或社會變革來體現的，而是有著多層面的表達方式。比較普遍、比較明顯的有三種：(1)感情化的方式，所以民族主義訴諸情緒；(2)利益化的方式，所以民族主義追求功利；(3)工具化的方式，所以民族主義排斥普遍理性，推崇特殊價值。在民族主義的目標下，可以確立各種不同的、甚至對立的社會制度，也就是說，極端的保守主義與激進的自由主義都可以在民族主義的旗幟下得到加強。

　　正像英國劍橋大學著名學者唐恩（John Dunn）所說：「民族主義是當代國家的自然的政治情懷。」他認為，「把民族主義簡單地看做一種壞東西，在政治上是膚淺的，在道德上是錯誤的」，因為對民族主義性質的界定非常重

要，儘管在歷史上民族主義的種類和功能是多
樣的，但把民族主義看做一種沒有標準、沒有
價值的簡單思潮，則是幼稚的。他甚至提出，
如果民族是解決所有憲政問題的秘方，那麼民
族主義大約就是這個世界能解決所有邊界問題
的秘方。

　　從表相上看，民族主義可以分成許多類
型，如開放型與封閉型的，多元型和集合型的，
強勢型與弱勢型的，傳統型與再生型的等等。
由於民族主義主要是以族體認同和文化認同作
爲基本準則，所以在內容上和形式上呈現多向
度化的趨勢，但從根本上講，民族主義仍是作
爲一種文化模式的象徵。從以下的分類中，似
乎可以做進一步的解釋。

開放型和封閉型

　　開放的民族主義（open nationalism）是
最具典型意義的一種表現形式，因爲它是現代
社會的模式，它是在政治和社會壓迫下解放出
來的一種民族情感，在大型社會群體、國家組

合以及民族國家中充當一種自我認同或政治融
合的媒介，發揮政治、經濟、文化等多方面的
潛在作用。像法國，曾以人民主權的思想爲動
力，鼓勵了社會解放和對個人權利的承認，但
它的負面結果導致了擴張，產生了殖民主義和
帝國主義。

　　封閉的民族主義 (closed nationalism) 則
是一種典型的帝國精神，它強調生物進化論和
歷史命運觀，強調種族和文化的特殊性，在國
家建造上以「上帝的選民」自居，十九世紀出
現的大日耳曼主義、大俄羅斯主義等等，都是
封閉的民族主義的代表。像德國，曾把國家統
一和王權精神做爲號召，實現了德意志民族統
一，以及隨後的社會生產力的極大提高，但它
的結果又導致了種族仇殺，種族清洗，產生了
納粹主義和法西斯主義。

多元型和集合型

　　多元的民族主義 (pluripusal national-
ism) 是一種開放的、自由的、多元的民族主義

形式，因爲它不是以共同的祖先或族源地作爲
立國的基礎，也不是基於共同歷史、共同宗敎
或共同文化傳統，而是基於十八世紀啓蒙運動
以來的民主與自由的價値理性，然後加上現代
工業、開放心靈、拓荒實幹與個人主義精神。
美國作爲典型的奉行多元民族主義的社會，與
它的文化背景和理想精神有關，但這個傳統不
能阻止它成爲世界最大的霸權主義國家。

　　集合的民族主義（assemble nationalism）
是一種右翼激進的民族主義形式，它主張擺脫
所有倫理的規範和約束，堅持「國家至上」、「民
族至上」的唯一原則，無論是現代的經驗，還
是傳統的資源，都被用來鞏固旣存秩序，迫使
個人以鐵的紀律去服從單一的價値，它的正當
性與合理性因此建築在種族優越或文化優越的
基礎上，當一切價値判據和道德規範都被當做
民族對抗或政治壓迫的工具時，便演化成強烈
的排他主義情緒。集合的民族主義具有廣泛
性，並不因制度差異而受到約束。

強勢型和弱勢型

　　強勢的民族主義（poweral nationalism）
是以實力來劃分的民族主義表現形式，它在經
濟上要求把自己本民族和利益凌駕於其他民族
的利益之上，或透過損害其他民族國家來滿足
自家的利益要求，在政治上則採取大國主義來
壓制其他中小國家，文化上又帶有強烈的文化
優越的情緒。

　　弱勢的民族主義（weakal nationalism）
一般是指第三世界的發展中國家普遍採取的民
族主義立場，它在國際關係中積極維護其應有
的平等的民族價值和利益，文化上則要求自身
的歷史傳統得到普遍的尊重。弱勢的民族主義
在經濟上雖然不難分辨，但文化上的是非曲直
則不易說淸，因為弱勢的民族主義不僅要訴諸
種族情緒和文化觀念，有時也會訴諸一些非理
性的行為來保護自己，當一切本土文化資源與
暴力抗爭結合起來以後，又會成為一種極端主
義的民族情緒。

傳統型和再生型

傳統的民族主義 (traditional national-ism)，這是一些由歷史形成的龐大帝國或主權國家所持有的一種民族主義立場，它來源於文化傳統的連續性以及種族整體的單一性原則，具有共同的政治經濟基礎。由於傳統的民族主義意識中沒有類似西方資本主義革命的經歷，所以它自然地繼承了帝國意識、族體意識、臣民意識等歷史文化因素，成為一種非常複雜的民族主義形態。傳統民族主義的倫理骨架是部族時代積澱的一神論和君主制的殘餘，因此，在外來勢力的壓力下，也能產生強烈的民族認同精神，但很難形成一種開放的、多元的民族主義觀念。

再生的民族主義 (risorgimento national-ism)，這是一些二次大戰以後爭取民族獨立並走上現代化道路的發展中國家所採取的民族主義立場，它是在傳統與現代的融合過程中，透過發展民族經濟、復興民族文化，來實現民富

國強的社會目標。再生的民族主義觀念中，最
突出的特點是將文化傳統的價值與西方文化的
價值結合起來，旣不盲目排外，又不固執傳統，
從而培育了一種全新的民族意識。再生的民族
主義是隨著經濟力量的壯大而逐步發展起來
的，並在政治和文化方面產生了一連串的影
響，包括政治上效法民主制度，文化上採取普
遍主義的原則，像東亞模式的出現，已成爲越
來越多的新興民族國家的樣板。

　　透過上述類型分析，可以得知，民族主義
儘管錯綜複雜，龍蛇難辨，但它的基礎只能來
自一種民族意識的認同原則，即對族體利益和
文化價值的不同理解。對於那些新興民族國家
來說，闡發和推廣一種全新的民族意識，以產
生大衆的認同，正是民族主義建國目標的最關
鍵、最艱難的一步，進而走向不斷擴張的道路。
但是對那些歷史悠久的傳統大國來說，民族意
識又是通過族體或族裔認同（ethnical iden-
tity）來闡發的，從神話、傳說、歌謠、歷史、
哲學、審美，以至令人低迴景仰的道德楷模，

可歌可泣的英雄事跡，世代傳承的政治制度等等，都體現了一種固有的族裔認同和文化認同的原則，顯然，它會導致一種對民族意識的獨特的理解方式。

安德森（Benedic Andeson）在《想像的社會群體》（*Imagined Communities: Reflections on the Origin and Spread of Nationalism*）一書中詳細地討論了歷史意識對構造民族社會群體的關鍵作用，他指出，「民族」並不是一些客觀語言特徵、思維習慣、心理素質的自然總和，而是一種「想像性的政治群體」，即一種社會文化的建構。他說：「民族從極遙遠的往昔中浮現出來，並陷入無盡的未來。現代民族突顯的客觀性，實際是建立在想像之上，民族必須對往昔歷史的再現才能獲得其目前存在的形體。」這表明，歷史所積澱的族裔認同和文化認同，是民族意識的關鍵所在。

作為民族意識的歷史記憶（historical memory）是多種多樣的，因此不可能規範為某種單一的民族主義的模式；而物種進化論和歷

史決定論在一定程度上造就了民族主義的多樣
性。一般說來，民族國家正是透過對歷史記憶
的控制，使其政治實踐滲透到民間社會的各個
角落，並以文化選擇的方式來塑造民族形態。
歷史記憶可以滲透到民族意識中，除了體現族
群特徵的歷史事件、人物、組織、方域等等，
各種傳播往昔的象徵無不成為記憶的對象，
如：實物性的包括建築、用具、物品、服飾等；
語言性的可以是俗語、成語、方言、傳說之類；
藝術性的可以是民間戲劇、娛樂形式、工藝作
品、審美習慣等；社會性的包括祭祀禮儀、人
情風俗、節日聚會、大眾文化等；精神性的包
括了宗教教義、道德信念、倫理規範、性格風
貌等等。這都是從族裔認同和文化認同來認識
民族性的極有價值的視域。

　　歷史記憶是民族記憶的重要組成部分，它
包括了國家制度的記憶和民間社會的記憶。在
傳統型或集合型的民族主義形態中，「歷史」
（history）是由國家權力所控制的，正因為如
此，民族所要記憶的是有助於國家政治合法性

的事件，如某個政治團體的功績，某次戰爭或
衝突中的某個傑出人物的偉業等等。由於受「成
王敗寇」的正統觀念制約，歷史記憶中常常使
失敗者的痕跡全無，出現大段歷史空白。當歷
史記憶具有了強烈的官方色彩，並成爲一種用
於控制的意識形態後，「歷史」便成爲集團或黨
派的獨佔領域，而不再是完整的民族象徵符號
了。當大衆記憶的空間與官方記憶的標準相互
契合時，民族意識勢必成爲對政治權力實踐的
妥協。很明顯，由這種民族性所建構的整體模
式，不是一種公民性的社會群體，而是一種國
家型的想像群體 (imaginationity)。

　　在族裔認同方面，最顯而易見的是種族象
徵符號，它以族群、血統、地域作爲區分原則，
開化與不開化，合群與不合群，都成爲民族認
同意識的標準，這樣，凡是與自己不相同的種
族都可能被視爲潛在的敵人，所以種族意識高
於一切。其次是國家象徵符號，這是以王權、
制度、倫理作爲區分原則，服從與不服從，歸
化與不歸化，也就成爲民族認同意識的又一個

標準，這樣，族裔認同又被轉移到國家政權的概念中，所以國家利益高於一切。但是，民族意識並不是一種純粹的族類意識或國家意識的延伸，雖然每一個人都具有對種族屬性和國家建構的記憶，但只在特定的情況下才會形成迫切的民族身分意識，這些條件包括不同民族文化的碰撞或衝突，殖民主義和帝國主義的欺侮等，除非人們在現實中深切感受到民族身分帶給他們的生存限制或種族壓迫，一般情況下，民族身分意識並不具有明確的排他性質。

　　至於文化認同的意義在：文化是由社會制度、知識系統、價值信念、象徵符號以及人類實踐組成的多層次的系統，它既是人們認識自然、改造自然的條件，又是人們發展自身的道德、智慧、美感和性格的基礎。文化說到底，既是一個民族塑造自己的源泉，又是一個民族認識和改變自己所處環境的中介。從這一概念出發，文化勢必成為人們理解和詮釋事物的條件或背景，即是說，文化所代表的意義世界只能是以不同民族的生活環境為中心，這正是民

族主義的根源。

　　每一種文明的形成都是以文化認同戰勝族
裔認同為原則，否則，種族就會無限地擴張，
文化也會越來越趨向單一化。雖然在十九世紀
以後的年代裡，文化認同開始讓位於民族國家
的認同，但是，基於文化認同的民族意識因此
也會朝向近代民族主義轉化。在民族形成的過
程中，民族意識中的文化認同符號以語言、宗
教、道德、風俗、禮儀作為民族象徵，因此本
土價值高於外來價值的觀念便主導了民族主義
的基調，除非在各自的民族意識中引入人類普
遍性的價值，否則，一個民族的文化原則將排
斥其他民族的文化價值。

　　民族意識是隨時代變化而不斷更新的一種
文化觀念，而且，歷史記憶或現實事件又常常
會激發出強烈的情緒，從而深刻地改變民族意
識的內涵，決定民族價值的取捨。所以，民族
主義又是不斷充實的，它從政治獨立的願望，
到經濟繁榮的要求，再到復興文化的目標，就
是一個漸變的過程。但是，民族主義在一種特

定的氛圍中，一旦出現革命衰退或社會轉型時，也會嚴重扭曲，或者像歐洲的那些早期資本主義國家那樣，在建立了強大的民族經濟實力以後，又會發展爲殖民主義和帝國主義，或者像亞洲、非洲、拉丁美洲的一些晚工業化國家那樣，在擺脫了殖民主義統治以後，又會走向新的腐敗和集權。

　　從根本上講，民族主義的次級系統包括了政治民族主義、經濟民族主義、文化民族主義的多層次的義理，其中，文化民族主義始終作爲主體性的架構，用以維繫族體的道德、價值及文化取向，從而把民族的個別性特徵加以標準化，使之成爲民族認同的政治原則和經濟理論。文化立場的民族主義要求人們在建造自己的社會共同體時，能夠具有高度相同的倫理、信念、習俗和心理情感，這就構成了同一族群所必須的文化價值，而政治民族主義和經濟民族主義則爲民族國家的形成和發展提供統治方式和利益分配的機制。

二、政治民族主義與近代民族
　　國家的孕育

　　可以這樣推斷，從民族觀念出發，尋找掌握或行使國家權力的政治運動，就是民族主義運動，而民族主義觀念（nationalism arguments）則必須具有以下的特徵：一是民族要表現自己的鮮明文化個性；二是民族要堅持利益高於一切的原則；三是民族要具有政治和主權完整的地位。這意味著，當一個民族的文化結構以國家理念加以表現，民族身分也以政治認同作為準則時，就為新的民族國家創造了必要的條件。

　　在這裡，由於民族主義的本質是由價值、信念、審美、功利等符號組成的意義系統，所以它和古老的族體意識有著原則的差別，這些差別包括：㈠民族主義必須以全民認同而不是王權認同作為最高原則；㈡民族主義必須以全民利益而不是皇家利益作為民族歸屬；㈢民族

主義必須以世界多元而不是世界一統作爲存在基礎。正是緣於這種差別，近代出現的民族主義才具有自己的理路，那就是將民族的價值、利益和獨立願望作爲政治訴求，以便確立一種新的民族認同和國家忠誠。

　　從十七世紀開始，西歐的封建制度開始崩解，原因十分複雜，但最根本的只有二點：第一，由於宗敎革命，敎會和神權受到嚴重挑戰，這就必然使作爲傳統政治基礎的普世性原則發生動搖，並孕育新的文明；第二，由於殖民遠航、軍事革命和資本輸出擴張了國家活動的空間，增加了民族間競爭的頻率，國家內部的民族動員和政治動員因此被強化。這樣，傳統制度透過道德、習俗、文化、種族建立的政治關係和各自有效範圍被打破，促使各個君主國的政治發生了結構性的變化。

　　所以，從民族性的構成來看，近代民族主義是將一種效忠君主的文明，轉換爲效忠國家的文明，並以全民族的理想來塑造公民化的民族國家，這樣，民族主義從人民主權思想開拓

的愛國精神中，不斷汲取新生文化的資源，這是一種比效忠君主更爲強大的力量。而傳統的君主制國家只是種族、教義和王權的象徵，王權雖然維持了一個族群的共同體形式，但它所確認的族裔意識以及族際關係，只是一種族體主義（ethnonationalism）的象徵。近代歐洲民族國家建設的經驗表明，僅僅具有傳統的族體主義意識是不夠的，它必須還有一組獨特的，與其政治制度革新密切相關的理想、渴望、價值、符號才行。

政治民族主義（political nationalism）就是一種全新的政治理念，它包含了兩個最基本的架構：一是個別性原則的普世化，即把國家意志或潛在的民族意識加以絕對化，在國家利益的前提下，充分運用國家力量將不均齊的族體特徵普遍化、標準化，從而把語言、歷史、文學、風俗、服飾、古蹟、名勝等都納入國家系統，以形成統一的民族國家的觀念；二是普世性原則的個別化，即把「全民認同」、「全民參與」作爲政治行動和政治權力的最終依據，

並貫注到每一個公民的意識中，確立一種國家
行為合理化的認同，從而把自由、平等、人權、
法制、教育、社會保障、大眾利益等都視為個
人價值的體現，以形成共同的民主政治的觀
念。這兩種架構的交疊，即民族生存理念與人
民主權理念的結合，便促進了一種政治民族主
義的要求。

　　「全民認同」的民族主義意識與「王權認
同」的傳統族裔意識相比較，表面上相似，都
強調民族對國家的忠誠，但本質上卻截然不
同：前者的意義在於民族的凝聚力和歸屬感來
自民主、自由、平等的精神，以及有關個人價
值的道德和政治理念的滲入，而後者的含義在
於它是被傳統政治所宰制的認同感和依附感，
它不可能脫離忠君愛國、尊王攘夷、盡忠盡孝
等傳統道德的範疇，也不可能拋棄等級尊卑、
男女有別的封建倫理。一個民族的偉大素質只
有在其公民充分參與行使政治權力時才能發揮
出來，這是政治民族主義具有正當性和合理性
的基礎。它要致力民族尊嚴和社會自治的提

高，並有助於人民的平等權利的獲得。所以，
政治民族主義擴大了人們的精神境界，提高了
人民的思想層次，形塑了一種新的群體價值和
知性價值的素質。

政治民族主義把社會轉變，包括政治主
權、政治合法性以及政治制度的轉變，看成是
近代民族國家的需要，它的作用是突破腐朽的
政治環境，使共同體和政治疆域得以重建。因
此，政治民族主義的首要目標是轉換政治權力
結構，它把重點放在一個國家的組織形態和法
律制度的建設上，而不是放在培育因外來威脅
而出現的排外主義情緒上。它的原則是要求建
立和完善以民族國家爲目標的政治自由和理想
精神，在體制上實踐「人民主權」的思想。

事實也是這樣。政治民族主義在歐洲的興
起，與當時的政治變革和文化變革一樣，其思
想基礎正是追求個性自由的世俗哲學和與之相
關聯的自然法權觀念。卡明卡（Eugene
Kamenka）認爲民族主義是一種源於歐洲革命
的政治現象，它是一種包括了經濟、社會和文

化因素在內的極爲複雜的綜合體，但其存在卻
是爲了政治秩序的維繫和政治權力的實踐。他
因此強調，由於民族主義的構成因素甚多，如
果不從民族國家發展的目標去看待它的實質，
那麼就無法將現實的國家權力結構與傳統的民
族主義情結區別開來，所以，政治民族主義的
發展實際成爲「人民主權」實踐的一個基本部
分。

　　史密斯的《民族主義的理論》（*Theories of Nationalism*） 是當代民族主義研究的重要著
作之一，史密斯認爲，民族主義的興起與人民
主權概念的產生有著密不可分的內在聯繫。因
爲民族的概念，與政治合法性的概念，與主權
在於人民的思想，是無法解開地連接在一起。
在法國，大革命的過程把群衆拉上政治舞台，
把民族的概念與人民主權這一強有力的政治符
號結合在一起，把民族與那種在一定疆界內的
政治群體中實現民主的公民身分和社會解放的
目標結合在一起，成爲實質上推動社會邁向政
治現代化的原動力。

關於民族主義與自由主義、民主制度的關
係，美國哈佛大學教授戈林費德 (Liah Green-
feld) 這樣評價說：「主權屬於人民這一概念，
承認不同階層在根本上平等這一概念，組成了
現代民族思想的精義，而同時它們就是民主的
基本原則。民主的誕生，伴隨著民族性的自覺。」
他進一步論證道：「民族主義是民主呈現在這
個世界上的形式，民主被包含於民族的概念，
恰似蝴蝶生於繭中。最初，民族主義就是作為
民主而發展的。」其實，法國大革命的經歷已
經證明了這一點，它喚起人民去攻擊偏見，攻
擊迷信，攻擊蒙昧主義，攻擊殘忍，攻擊壓迫，
攻擊對民主的仇視，為各種自由而鬥爭。它表
明，國家主權的民主化是一個理性的政治機制
和政治過程，它可以理性地決定一個民族的最
大利益，和實現這種利益的途徑。

然而，法國大革命又是以理想烏托邦做為
社會起源的契約，它假設人們在組成社會時，
必須結束「一切人反對一切人的戰爭」，建立平
等和諧的人際關係，事實卻是，這種契約無法

用理論來證明人的自利和利他之間的合理性，有的只是習俗的權威，或人際的經驗，這種習俗和經驗也勢必進入國家的建構以及民族的意識當中。所以，民族主義的雙重性格，主要是在它受到本民族傳統和制度束縛時，才表現出來的。像拿破侖的對外擴張一樣，民族主義發展的另一種趨勢，就是一味強調民族的政治特性而使民族主義失去了民主的精神，一味強調傳統的價值方式而使民族主義蛻變爲國家主義（nationalism）。

　　儘管政治民族主義對孕育近代歐洲民族國家發揮了重要的影響，但在非資本主義世界卻沒有那麼幸運。在衆多發展中國家，激進主義思潮也是一種政治民族主義的變異形式，它把民族主義歸結爲建立民族國家，進而開展政治鬥爭和軍事鬥爭。這一思潮後來又加入了意識形態的力量，在民族危亡時刻，它煥發了一種新的情感，使每一個人都意識到他們的民族身分，對抵禦外來侵略發揮了積極有效的作用。但它始終作爲一種政治權力結構的緣生形態，

而一味強調對傳統制度的繼承，並把大眾的民族情感視爲政治集團的隨心所欲的工具。所以，在亞洲、非洲、拉丁美洲大多數國家發生的民族主義革命，並沒有取得類似歐洲革命的同樣果實，爲了應付各式各樣的社會政治危機，它們不得不放棄現代性的追求，轉而成爲以傳統的族裔認同爲窠臼的政治保守主義勢力。

　　二次大戰以後，受西方民主思想的影響，自由主義思潮在一些前殖民地國家逐漸興起，因此也把政治民族主義的西方模式作爲行動綱領，從如何開啓民智、民德、民力的邏輯演繹中，設計民族國家的發展藍圖，反映了一種文化主義的傾向。對政治民族主義的模仿，即是以不顧一切地吞食西方文化爲特徵，採取對西方憲政法制全盤照搬的方式，雖然使得民主思想深入人心，卻無法建成一種行之有效的民主政治體制，特別是在民族經濟尚未形成根基的情況下，「人民主權」只能作爲空幻的民族夢想。隨著民族經濟的復興，出現了傳統與現代

的激烈衝突，它帶來了一系列的文化危機和社會危機，最突顯的便是民族特性的消退。因此，新自由主義（neo-liberalism）思潮的出現，又把西方政治民族主義的經驗用於政治架構的重建，一方面拋棄了種族、制度、教義的執障，以理性的精神批判傳統，代之以人民主權和普遍直選等西方政治理念，做爲政治合法性的來源；另一方面又以開放和多元的心態，去正視西方文化的現實，在維護民族尊嚴和國家主權的基礎上，發掘本土文化資源的價值，以便在世界文明的體系中維持民族的鮮明個性，從而反映了一種再生的民族主義形式。

政治民族主義在歐洲興起時能夠與人民主權的目標相聯繫，在當代世界又能與各國社會發展的方向相涵容，表明這樣一種政治理念並不與民主、自由、人權的精神發生矛盾，它甚至可以成爲一個民族實現這一目標的偉大動力。同時，政治民族主義也並非一定與傳統政治國家的文化系統發生對立，因爲每一種民族文化中，都含有一些能夠與現代民主政治相接

通的普世性價值。在一定意義上，政治民族主義可以超越地緣政治的現實架構，去充當各種政治體制的合法性基礎，但是，隨著時間的推移，它也勢必與世界公認的共同價值標準相融匯，使民主政治和自由經濟成為國家現代化發展的強大動力。

　　政治民族主義是以實現新的民族權力和民族自決作為前提，它的內在要求包括了政治組織的合理配置，意識形態的相對獨立，以及制度模式的再生功能等等，這些本質上的特徵勢必為發展中國家的民主化帶來希望，並做為現代政治社會的一種模式。

三、經濟民族主義與現代經濟　模式的確立

　　從廣義上講，經濟行為也是人類特有的文化實踐形式。經濟活動要求人們在一定的倫理價值和文化結構內進行，如「權利」、「平等」、「公正」、「信義」、「共享」這些人文概念，其

實都是源於人類最初的經濟行為。所以，人類不僅要以富足取代貧窮，也要以人道取代蒙昧，這正是民族主義的經濟文化動機。

　　一個人的經濟行為出於自利，可以有發明創造，也可能給社會帶來福祉，而民族的傳統價值是考慮自利可能給他人或社會帶來的不良後果。同樣，一個人也可以在公利的幌子下去侵吞公產，或將他人的利益轉移到自己一方，而民族的傳統價值只注重公利的形式可能給社會帶來的好處，卻無法抑制公利下可能出現的損人利己的行為。

　　人類追求並有能力把自己的利益最大化，同時又明瞭自己的這種能力和追求的界限，所以人們在試圖堅持民族利益的同時，又要警惕和反對極端化的傾向。在特定的歷史環境中，當生存和謀利成為人類關注的焦點時，民族主義就會取得絕對的地位，經濟現代化的動因可能由此而觸發，它為民族國家提供了一種簡單而浮躁的政治動員手段。

　　公平與效率是人類社會的基本難題，效率

原則又是實現社會公正的基本工具。在前資本
主義時代，族體的利益是隨著王權體制而處於
國家獨佔的狀態，王權始終凌駕於民族之上，
並攝取了社會的全部資源，在這種背景下，崇
尚公利而抑制私利，便意味著對民眾切身利益
的剝奪。正像莫爾（Thomas More）所說的，
沒有資產階級，民主是無法想像的。因為資產
階級的民主理念和私有財產觀念的確立，不僅
結束了貴族和王權的統治，而且帶給了勞動大
眾改變經濟地位、享受生活幸福的渴望。如同
一種民族精神的釋放一樣，資產階級的政治口
號最終為工人、市民和小農所認同，並從政治
民主的理念中演繹了經濟平等的合理性。「全
民參與」為實現利益共享和經濟自決提供了一
種理論的可能，而資本績效與社會公平的表面
結盟，最終形成了新的民族認同。這時，國家
統治已不再是僅僅關注領土、區域、社群關係
的簡單政治方式，而是為了全體公民的利益和
秩序而存在。

　　經濟民族主義（economical nationalism) 正是體現了國家的這種願望，它的本質在於保障人的權利，使人人生活在一個繁榮的、仁愛的、理性的社會中，同時又把集體的強權置於個人之上，在經濟民主的原則下，導出理想的政治原則及政府形式。經濟民族主義的中心價值是肯定人的自利，並將它視爲社會公正的基礎，在這個基礎上，社會、經濟和政治制度都必須體現個體的重要性。這樣，經濟民族主義的最大動力及其可行性，就在於普遍民衆能夠把自己的物質需求擺在一切經濟活動的中心。

　　經濟生活是人類生存的最基本的環節，其目的是生產盡可能多的財富，爲人類提供更加充足的物質條件。因此，作爲經濟民族主義的唯一標準，是看其能在多大程度上有利於財富的創造，有助於維持民族生存與發展這一共同的福祉。民主政治學說對權利的普遍認同，是將權益授予個人和社會，這樣，從財產關係的調整，到社會公正的體現，便是假定每個人都有相同的權利和機會，財富也不再是少數特權

者的獨佔。從根本上講，儘管資產階級把政治
參與權和財產私有權留給了自己，但也同時把
捍衛人身基本權利的法律給了所有人，從而孕
育了市場規則、商業理性和創造精神。所以經
濟民族主義必須依賴於一個法治的社會，以明
確國家與公民的責任。

美國著名經濟學者賴克（Robert　B.
Reith）認為，一個國家的公民對於他們的經濟
福利負有責任，而不是完全依賴國家恩賜的思
想，源於一種經濟民族主義的理念，這是處於
萌芽狀態的愛國主義的必然產物。因為在資本
的早期階段，重商主義（mercantilism）導致
各國之間的激烈競爭，一個主權國地位的上
升，必然以犧牲另一個主權國為代價，它是為
了增加宗主國的財富而存在的，這就造成了殖
民時代的瘋狂掠奪。但是，從重商主義向經濟
民族主義的轉變，卻是極其緩慢的，因為把一
個國家攫取利益的原則變成一種對其他國家沒
有損害的互利精神，所付出的代價太高。賴克
因此強調，亞當・斯密（Adam Smith）雖然

不是世界主義者，但他確立了普遍原則的經濟
理倫，這種理論認為，作為國家財富基本依靠
的對象應該是國民的產出，而不是掠奪其他國
家的財富以滿足自己，「國家的產出」意味著：
鼓勵人口中受到有酬雇傭的那一部分人，提高
勞動力所需的技能、聰慧和判斷力，這些都構
成了生產財富的源泉。所以持久地補充總的勞
動力儲備，是煥發經濟民族主義的核心精神，
它帶來了工業和財富的增加，資源和獨立性的
增加，以及最終的市場廉價和大眾消費。

　　經濟民族主義注意到資本運用的合理性，
以為這是整個社會從公共利益的增進中得到的
好處，進而擴充了整個民族不斷增長和支持的
福利。把國家經濟同人民福利結合起來的觀
念，是充分運用資本的生產機制，把積累的財
富廣泛應用於社會再生產的目的，從而擴大了
公共福利的來源，提高了國家再分配的能力，
民族主義也就變成了一種強烈的社會凝聚力和
責任心。而公民享有的政治自由和社會福利，
能多　時刻提醒每一個人：他是生活在一個民族

的共同體中，相互依賴，彼此負責，是公民的
神聖天職。所以，經濟民族主義又能把物質的
收益引向意識形態的建構。

　　從二十世紀初以來，經濟民族主義從北美
蔓延到歐洲，在全世界的許多地方紮下了根，
成爲西方民主制度的一個重要組成部分。當共
產主義在歐洲徘徊的時候，經濟民族主義的理
念似乎顯得非常幼稚，以致沒有人注意到它的
存在，但它由財富積累和社會福利普及帶來的
實際好處，卻淡化了人們對轉換財產關係和資
本結構的訴求，從而化解了因暴力革命而帶來
的嚴重挑戰。一些發達工業國家的人民終於看
到，他們個人的福利是同他們國家的財富機制
結合在一起的，因此也加強了對歐洲革命以來
的文化傳統與政治結構的信心。

　　六十年代以後，經濟民族主義開始在亞洲
一些地區興起。經濟的振興和繁榮，使得東方
人有機會審視經濟民族主義的價值，它向全世
界展示了現代化的成功：一種包容自由、有
序、社會關注和個人福利的模式。大規模的工

業生產透過自身的運作，把大批人民從鄉村、
農場和大家庭吸引了出來，從而在內部更爲廣
泛地刺激了經濟民族主義。市場規則的確立以
及由此帶來的實際利益，則提醒了人們的國民
身分和應該享有的福利。東亞經濟發展的經驗
表明，西方政治理念的逐漸滲入，使得社會本
身要求有經常的和有保障的表達個人權利願望
的機會，否則，民族主義就沒有道德上的合理
性。這是東亞各國的政治領導人在運用經濟民
族主義構建新式社會時的一種效應。同樣，東
亞的民族主義又使自己的社會制度具有了物質
化和等級的特徵。

　　科層制權威體制與自由化經濟模式之間的
相干性，提供了獨特的來自東方世界的佐證。
因爲現代化既可以爲一部分人創造一種體驗中
產階級生活方式的機會，又可以使另一部分人
在現代化的壓力下，承受愚昧、貧困和不平等
帶來的羞愧。在亞洲，民族主義的認同常常受
到集團政治的支配，所以西方式的經濟民族主
義理念，也被隨意肢解，抽去內涵，變成政治

動員的一種策略。這樣，不受約束的經濟民族
主義也會在本國產生公民價值觀的墮落，將合
理的利己視為經濟的「灰色行為」，而集團式或
部族式的忠誠不僅會分裂國家，也會運用維護
民族利益的名義來限制人們力圖得到的自由和
權利。當他們把大量的財力變成一種軍事力量
的炫耀時，整個民族又被推向與其他民族國家
的競爭與抗衡中。

　　美國學者約翰遜（Horry G. Johnson）在
研究新興國家和發展中國家的民族主義運動
時，發現新興國家中的民族主義可以驅使國家
藉經濟目標而加快現代化的進程，並取得民族
尊榮。他認為，在這裡，儘管民族主義與一黨
政治、科層組織有內在的聯繫，但經濟目標使
社會因此有了發展的源頭：一是大眾利益的分
配；二是物質收益帶來精神收益；三是民族資
本分配多層次化。顯然，經濟民族主義在亞洲
將面臨考驗，但它確立的民族認同是不容忽視
的，因此民族已被看做是國民應該具有的物質
權益及財產保障的一種身分，進而又被當做一

種能產生各種效應的集體消費的資本。

　　概括起來，新興國家和發展中國家奉行的經濟民族主義具有以下的特徵：其一，通常是沿著歷史特定的路線，來規導經濟政策的取向，這種以大眾利益為號召的民族認同感，因此與國家經濟內容的符號性價值聯繫在一起，資本投資分佈也要因此根據國家的實際，以適應國民經濟發展的需要。其二，易將經濟政策引向精神收益的路線上，為求取民族滿足感而犧牲應有的效率，為贏得政治合理性而犧牲公正的價值，它的內在要求是建立有效能的政治機制和適合國情的經濟策略，因此要面臨一個長期的重新調整個人、制度、理想、利益等相互關係的過程。其三，傾向重新分配各個階層的物質收益，分配的基本方向是由下層群眾轉向中產階級，以中產階級為主，大眾消費和資本分佈因此趨於合理。可以看出，經濟民族主義實際是強化了新興國家和發展中國家的現代化走向。

　　在眾多的發展中國家，小康式的富足不僅

是經濟發展的目標，也是一種文化發展的模式，它象徵著一種在傳統與現代之間徜徉的夢幻，而它的方略將不再把西方式的生活圖景做為追求的目標，而是關切民族文化與制度的延續。當享樂型的大眾消費神話般的降臨時，雖然各種欲望的滿足象徵了一種個人價值的實現，但是傳統道德卻無法彌補人文精神的缺失，民族也很難擺脫末世感。同時，由於權力轉化財富的弊端無法從根本上加以遏阻，錢財的聚散太容易，財富的轉移也太頻繁，這正是法律和權力缺乏個人權益保障機制的緣故。事實上，西方在走進消費社會時，經濟民族主義的興起與基督教教義的支撐是相互貫通的，它約束欲望的泛濫，保持終極的關懷，使理性對商業社會一直保持著強大的約束。所以，發展中國家對西方文明的吸收是不可避免的，西方民族國家興起時的一些政治思想和經濟理念，將隨著經濟民族主義的逐步深入而進入社會文化價值系統，並產生深刻的影響。

　　經濟民族主義基本上是按照西方自由主義

的經濟理念，來引導民族經濟的建立和發展，決定公共投資的方向和利益分配的原則，並在跨地區貿易中維持本土經濟的命脈，確定適應自身文化傳統的發展模式。但是，從資本主義初期的重商主義到經濟民族主義的轉變，卻持續進行了幾個世紀，它伴隨著專制政體向民主政體的過渡，也伴隨著前資本主義經濟向現代市場經濟的過度，這意味著經濟壓倒一切的目標已從擴大君主的權利，轉變成增進國民的福利和確認人民的基本權利。經濟民族主義因此不僅僅作爲資本主義上升時期民族發展的目標，而且在社會轉型的條件下，亦成爲後殖民主義時期和後共產主義時代各國改革的目標。

四、文化立場的民族主義及其表現形態

前面提到，民族主義的次級系統包括了政治民族主義、經濟民族主義、文化民族主義三種形態，這裡，起支配作用的是一個民族的文

化價值系統和與之相聯繫的國家權力結構，所
以文化民族主義始終作為主體性的架構，並與
各個歷史時期的政治經濟變革和對外關係發展
相聯繫。

　　雖然民族主義流派繁多，形態各異，但區
辨的標準還是統一的，這包括：(1)民族主義最
早出現在近代歐洲；(2)民族主義是在否定舊的
政治制度和經濟結構的基礎上產生的；(3)民族
主義是與社會自治以及個人權利的獲得同步發
展的；(4)民族主義是與工業革命和啟蒙運動以
來的人文理論相聯繫的。如果沒有上述的條件
和背景，那麼自然延續下來的民族主義意識，
只能是一種原初型的文化民族主義。

　　從一個國家的大眾參與情形和社會倫理的
現狀，可以判定它的民族主義究竟是現代型
的，還是傳統型的。因為民族主義從政治經濟
到社會文化，始終與一個民族的社會變革相聯
繫，它必須倚賴理性的民主制度和法律制度，
公民社會的確立，經濟平等的保障，人權觀念
的普及等等。否則，民族主義就會混同於部落

主義或國家主義，陷入以權威和魅力爲特徵的傳統政治文化的桎梏。

民族主義最早出現在東方世界的時候，主要是效法西方民族國家的道路，因此把民族性的實現歸結爲建立統一的民族國家，進而集中全力進行政治鬥爭，推翻原來的君主統治，建立共和制度，而把發展經濟看成爲未來國家建立以後的事情。因此，亞洲各國在倡導民族復興時，往往忽視變革創新，排斥對外來文化的吸收與再造，加上內部政治派別紛爭的干擾，爲國家的分裂帶來隱患，結果是阻礙了對傳統的突破，以及現代化的引入。在長期的外侮內患的動盪中，不僅阻遏了民族經濟的發展，也箍束了政治改革的願望，最後只能把民族的生存寄託在文化傳統的保守上面，這就導致了一種文化立場的民族主義復興。

以文化爲立場的民族主義，源自一種旣想模仿西方文明又想抵制西方侵略的矛盾心態，具有文化上的排外心理，以及強烈的危機感和復興感。由於西方殖民主義和帝國主義是在一

種文化民族主義的旗幟下出現的，它的實質是將國家擴張、宗教滲透以及經濟侵略，都用文化價值的外衣包裹起來，這就迫使那些落後國家把自身的獨立與安全，和傳統政治制度的維持聯繫起來，並以傳統倫理和東方道德的智慧作爲民族國家的根柢，與西方文化的進逼相抗衡。

在傳統的政治制度下，確立一種文化立場的民族主義架構，在道德上似乎是可行的，但有很大的「可欲性」（desirability）。僅以倫理本位的中國文化爲例，像「衣冠之治」就反映了文化與政治傳統的結合，中國人的一身衣衫，從質料、色彩、式樣、花紋都滲透著身分、品格、情操、審美的涵義，表現了生活方式、倫理道德、等級序列的三位一體的文化模式。衣冠服飾作爲一個民族的識別特徵，其實是倫理政治化的象徵，構成了中國文化的結構性特點以及民族形象的內在風範。在清末民初，當洋服洋裝漸漸流行於中國，乃至各種洋玩意兒充斥中國市場時，人們就表現出兩種截然不同

的立場：一些人對此推崇備至，爭相效仿，成
爲一種時尙，並視爲對西方文明的接受，稱爲
「文明維新」，這是一種民族意識的覺醒；另
一些人對此百般抵制，反洋排洋，當時出現的
抵制外貨的運動，又稱「文明排外」，又是一種
民族氣概的勃發。可見，從風俗上擺脫中國傳
統，實行剪辮易服是一種民族主義；從習慣上
保持衣冠之治，堅持長袍馬褂也是一種民族主
義。在實質上，變與不變，都是圍繞對中國傳
統的固執心態，中國文明的含義在於：對祖宗
定制的改變，會造成秩序的崩潰，所以，變化
的只是形制和外表，不變的卻是倫理和等級。

　　在中國的傳統社會中，代表民族意識的主
體是以士紳爲中心的農民階層，雖然農民在國
家觀念上較爲浮泛，在家族倫理上卻相當強
固，從而造就了以農民意識爲象徵的民族性
格。他們用農業文明的眼光去評判近代的西方
世界，把複雜的民族關係歸結爲「華夷」對立
的直覺狀態。所以，在士紳和農民看來，朝廷
代表了國家，它集中了仁君賢相、士農工商、

江山土地、倫理風俗等民族精神的要素，維護
這些文化的象徵，便是維護一種文明方式。在
一些士紳學者看來，眞正文明的標誌是有正確
的人生哲學，而不是生活水準的提高或物質技
術的進步，這樣，維護文化的價值核心，便是
維持農業社會的敎化水準和道德標準。像淸末
名士辜鴻銘就說：「文明的眞正涵義，也就是
文明的基礎，這是一種精神的聖典，西方文明
的重點是放在產業和機械工業的發達上，而中
國文明則側重於人的靈性和理性的進步。」且
不說他對文明的區別是否有道理，單從他極力
美化中國的妻妾成群的婚姻制度，就可以透視
一種已經腐朽了的天朝心態，他說：「在中國，
婦女的溫柔幽嫻、恬靜腼腆的優點和裹脚有密
切的關係，正是婦女的那種無我，使她的丈夫
能夠，或允許納妾，同時她卻沒有被傷害的感
覺。在中國，與其說丈夫因納妾就不愛他的妻
子，毋寧說正因爲他們極愛妻子，才有了納妾
的權利和自由。」顯然，按照辜鴻銘演繹的邏
輯，不僅中國人的民族性沒有了標準，而且道

德也成爲一種顯赫的放縱。

　　在封閉的專制時代，大一統權威的中心話語塑造了關於民族國家的神話，以及關於眞理、現實、世界本質的哲學範典，然而，一旦西方文化啓蒙的力量衝破帝國傳統的樊籬，也會使文化優越的民族情感變得失落起來，出現意識形態的迷亂。像三十年代的中國，人們傾向用生物進化論的觀念來解釋民族性，反映了民族意識的扭曲和偏頗。那時，一種「世紀末的女性論」就把民族比做缺乏自立意識、常常遭人誘拐的女孩，而女性化的民族則比男性成人更傾向爲非作惡。用生物性和生理性的差異來拆解民族性，也是常見的一種思考方式，他們轉而將男性的幼稚或性無能來比喻中國人政治能力的缺乏，暗示中國人只有固守文化傳統才能使民族勃興。更有甚者是提出中國人「性器官退化說」，以爲「中國男子的陽具既不發展，女子的陰唇更形退化」，按當時的思考邏輯，性別倒錯和生理退化是人類的返祖現象，而性欲衰退則是民族文明趨於沒落的標誌。而

文學作品中顯現的男性淫威和女子的被逼就範，常常是作爲西方文明與中國文明交匯時所產生的劇烈震顫，象徵中國文化精神的女子只能在一種被迫無奈的環境下去體驗族性的衝動。

　　可以看出，文化民族主義的最大缺失，是一旦對現代文明的批判和抗爭超越了自身存在的世界時，便成爲一種虛無。因而以國家代替社會，倫理代替政治，德治代替法治，價值理性代替工具理性，便是作爲對民族性的建構。所以，在中國的民族主義發展中，一些政治精英把「尊重等級制」、「尊重士紳精英的統治」都化約爲一種文化主義的觀念。然而，西方民族主義的本質是實現民主化，民主化意味著國家架構必然要夷平社會等級結構，這是不爭的事實，在中國本土文化的價值中，卻無法找到根據。按照西方民族主義發展的邏輯，民族國家必須使全體公民成爲「共同的統治者」，並整合到社會的組織之中，但在威權國家的道德文化機制中，有的只是國家像管理牛羊一般對人

民進行「合理的統治」的依據，它使得人民既無權利又無自由。在這種歷史條件下，文化民族主義失去政治改革的動力，便會走向民粹主義（populism），而民粹主義最終也會墮落為政治精英的工具。文化民族主義因而失去動員人民、建造新型民族國家的能力。

在東亞社會的特殊背景下，儒家倫理精神的復興，似乎也是作為一種文化立場的民族主義表顯。儒家文化與東亞發展是否具有內在的親合性（affinity）關係問題，一直是個爭議很大的話題。無論如何，儒家倫理對東亞社會的道德教育、人際關係、商業行為的影響，乃至儒學價值在民間信仰、秘密結社、新興宗教以及使佛教、基督教本土化的過程中扮演的角色，都表明儒家思想在東亞文化環境中的特殊影響。但它能否在東亞現代化過程中，轉化為一種主動的文化認同或國家行為，並對政治結構的變革產生影響，卻始終是不明確的。

進入九十年代以來，東亞發展中的文化民族主義傾向，呈現一種異化的徵兆。傳統的民

族精神，主要是作爲與西方文化相對立的意識形態架構，爲了維持個別性和差異性，強調一定族群的文化同質性，排斥其他族群的文化異質性，以適應族際之間的關係。但是，隨著經濟模式的確立，文化交往越來越繁頻，文化結構發生了根本性的變化，並且具有了一種超越本民族而信奉人類同一性的普世主義色彩。東方各國似乎都以不同的方式解決了西方文明與自身文明之間的悖論，即拋棄了「夏夷」、「體用」、「內外」等古老的民族情緒的約束，開始正視現代工業和普遍理性帶來的社會衝擊和實際效益。然而，東亞社會的文化民族主義並不會因此而消逝，因爲要在一個半開放的環境中維持一種傳統型的社會等級秩序，還要依靠儒家倫理的說敎。

綜上可知，文化民族主義內在的維繫力量主要來自傳統、道德、習俗、宗敎、哲學及相關的價值符號，這些文化制度中的同質性能夠有效地擴張民族價值的特殊性和個別性，從而擴大與其他民族文化的差異，文明的斷層因此

變得更加顯豁。關於西方類型的文化民族主義
表現形態後面還要談到，這裡只就東方類型的
文化民族主義特徵作一分析，它包括：

　　㈠作爲一種族裔意識的泛化，通常旨在維
持傳統國家形式的合理性，所以，共同的祖先
起源、宗教崇拜以及土地的毗連，都構成了民
族認同的基礎，並作爲社會動員的基本力量。

　　㈡作爲一種歷史文明的延伸，始終強調族
群文化與族裔價值的殊別性，所以，民族的識
別特徵是依靠國家制度來推廣和傳播的，這就
決定了相應的民族情感，道德範式以及文化心
理積澱無法超越傳統，而成爲一種排他性的意
識形態系統。

　　㈢作爲一種政治權力的實踐，一般是在繼
承帝國傳統的同時，以維持族緣和地緣的完整
爲目標，它的極端化傾向，是全力維護政治統
治的合理性和合法性，並迫使每一個成員以鐵
的紀律和秩序去服從單一的社會理念。

　　㈣作爲一種民族倫理的表顯，一向是以生
物型的自然聚落方式來看待族群的歸屬，並以

此決定民族的生存與發展，所以，當宗教、道
德、習俗、傳統支配了族群的價值取向時，又
會激勵自身的特殊主義心態，成為文明衝突的
根源。

　　㈤作為一種社群理念的維繫，一般是以承
諾同一族裔的共同幸福作為最高理念，所以，
道德認同成為族裔認同的唯一標準，它只承認
外來的先進物質技術，但不接受相伴而來的文
化價值觀念，以此確保社群關係的純潔性乃至
社會結構的壁壘化。

　　㈥作為一種地緣政治的架構，始終堅持「國
家至上」、「民族至上」的族際關係準則，強調
地緣化政治實體與種群模式的同一性，以便涵
容本土文化價值，培育民族優越感，建立由族
群文化特徵所支配的地域經濟模式和政治生活
模式。

　　㈦作為一種社會轉型的產物，通常是在後
冷戰的環境中充當政治理想主義和烏托邦精神
的代用品，是意識形態對抗張力緩解之後的強
大反彈，所以，一切文化資源都被用來重塑國

家精神和民族價值，並在較深的層面延續原來
的對抗格局。

第三章
文化民族主義衍生
的制度框架

　　文明乃是整體的，在這個整體裏，經濟的、政治的和文化的因素保持著一種非常美好的平衡關係。

一、文化的異質性與制度架構
　　的關係

　　一個社會面對無數人類的可能性，選擇是不可避免的。正是由於這些不同的選擇，形成了不同制度間的迥然相異，而這樣一些差別，絕不是生物意義或地理意義上的那種差別，而是文化選擇和社會選擇的結果。因為每一種文

化都會形成一種並不必然是其他社會形態都有的固定的意圖。

在有關文化形態的解釋的不同方面，其困難並不在於這些解釋是否順理成章，而是在於忽視了一種民族特性的歷史性進程，在這裏，歷史和心理都是必需的。當人們由熟知的語言、宗教、風俗、地理等因素構成自己的特有風格時，便全神貫注於這一文化的完形，並以此來解釋行為和制度的永久性形態。正如美國著名人類學家本尼迪克特 (Ruth Benedict) 指出的那樣，不同文化所追求的那些形成對照的個性，以及那些在風俗基礎上形成的不同意向，對於理解不同的社會秩序和不同的個人心理素質來說都是基本的東西。如果制度作為一種對民族的所有文化和所有事件都是不可避免的選擇，那麼區域和國家就代表了一種固定的集群分佈。

人類不能脫離一個社會的準則而嚮往一種神話般的生活，而自然也賦予每一個民族必須具有的組織形態。文化對於一種社會模式而

言，如果選擇了一些個別的族類行為當做人類
最有價值的東西，那麼這些個體的社會特殊性
就會作為一種異質文化的暗示；同樣，當一些
族群把自身創造出來的對其他族群也一樣有效
的生活模式作為希望的源泉，以達到某種目標
的願望或理想，也會成為一種同質文化的示
範。李維斯陀（Levi Strauss）從人類學和生
態學的觀點解釋民族的差異，認為人類文化因
地理、歷史和生態環境而存在差異，他主張人
類之間的差異不是以種族論，而是以文化論，
這樣，民族個別性的差異也就成為文化個別性
的差異。

文化選擇的本質，像是創造或複製那些越
來越完整的社會模式的既定目標。在這裏，文
明成了一個社會的品種，一個民族的樣式，一
種制度的象徵。但是，人們不知道為什麼把文
化看成是沿用傳統、習俗和制度，而且也不知
道在多大程度上取決於一些潛意識習慣的遵
循，文明因此建築在某種共同信念和非理性行
為的終極根基之上，而權力的實踐不僅是一個

物質的事實，也是使人人遵從的社會群體的輿
論狀態。在一些較大的文明社會中，國家成了
傳播制度和價值標準的媒介。一般說來，一個
民族可以因為生活方式的改變而採納外部世界
的價值標準，但它無法忘掉自己的傳統，以及
權力對那些潛意識領域的影響。

　　文化是人類社群經濟、政治和社會心理因
素的較為固定的形態，它會隨著族群或社會的
不同，形成各自的知識結構、價值信念以及利
益分配機制等等。由於人類總是依據文化模式
或心理定勢去認知和思維，所以本土的文化是
以制度形態表現的。制度（institutions）包括
組織性的制度，如家庭、企業、社區、政權、
宗教機構等等；又包括模型和結構性的制度，
如婚姻、教育、經濟生活、法律觀念，甚至包
括藝術、審美、倫理、風俗等等。制度合理性
與合法性的基礎，來自二個方面：一是依靠權
力系統的自我構建或解體，它涵蓋了古代大部
分帝國文明的變勢，二是依靠族群內部的自我
認同或否定，這是隨著歷史進程而不斷變化的

文化選擇的方式。

　　一種文化模式內含著制度的變勢，常見的時機、徵象以及它的原因，主要是區域間的民族社會的相互爭戰，並為一個新的帝國文明所吞噬。從潛在的意識來說，常常是以文化的強烈力量把原來的偶像崇拜從心靈上抹去，作為接受其他文明或其他族群文化的表徵。一個社會儘管喪失了控制自然環境或人的環境的能力，並不是制度衰落的主要原因，因為一個民族主體不會因為同化的關係而喪失它的特徵。真正的衰落是隨著自身文化異質性的消失而開始的，像羅馬帝國作為歐洲古老文明的終結，種族戰爭，蠻族入侵，以及北歐異族文化的瀰漫，都加速了它的瓦解過程，而新的制度開始了從物質和精神上的有節奏的清算，直到所有的異質文化全部從棋盤中掃清。

　　文化制度是一個民族用來適應環境的，但同時又必須塑造一個民族的生存模式，它勢必把人類的焦慮、心理防禦、精神恐懼等反映在其中，換言之，文化只是以符號的方式解決了

一個族體內在環境與本能之間的衝突，卻同時又把族群內部的差異以及族群與族群之間的差異也擴大了。在這個意義上，一種制度內部存在的利益分配和交換原則是靠自身的文化價值和道德標準來平衡的，它可以選擇資本主義式的，也可以選擇社會主義式的，這要看這個民族內部的大多數成員的認同程度，如果認同發生偏差，導致內部分裂，這就為不同利益群體之間的對抗提供條件。在一種制度與另一種制度之間，各自的文化價值和政治選擇也是不盡一致的，在一般情況下，當文化價值的同質性決定一種政治選擇時，各個民族之間就可能會有一種均衡或諒解，但是，當制度內在的文化異質性占據上風並支配大眾選擇時，各民族之間就可能會出現某種張力或對抗。

　　文化的差異不僅是各個民族之間在取捨生存價值的那些可能方面所產生的心理效果，也是不同文化中各種特性之間的盤根錯節的複雜現象，它在很大程度上依賴於這種特性與那些不同經驗領域的其他特性的結合方式。按照湯

恩比的文化觀念，每一種文化的異質性都來自
一種文明的僵化，它表現在：一是少數精英喪
失了創造的能力，二是多數人撤回了他們的模
仿行為，三是作為整體的社會制度失去它的
創生性和統一性。如果說，一個文明中心的握
有權力的少數創造者退化或萎縮，那麼這個社
會就進入了靜止僵化的狀態，在這種狀態下，
民族是沉睡的，文化是保守的，傳統與現實之
間出現了文明的斷層。而馬克思的末世學說力
圖證明一個遊蕩的政治陰影對衰落的歷史文明
的再生，無產者的脫離運動使階級戰爭或社會
分裂成為孕育新的文明的動力。

　　一般說來，工業和民主都要求人類有更多
的自我控制、互相忍讓和開誠合作的精神，而
在過去的作為社會動物的人類卻很難辦到。如
史賓格勒所言，現代文明所造就的無數無家的
新型遊民，只能在城市中遊蕩，他們也會同知
識分子一道，眷戀那鄉村般的恬美，痛斥城市
化的喧噪。所以，新的制度需要建立一種世界
秩序來作為它的骨架，並對一切人類的社會行

爲賦予前所未有的力量。如果環顧一下被西方
文明所同化的那些現存文化，就會發現，這個
過程畢竟加快了人類的步伐。韋伯（Marx
Weber）把社會的現代化和人類的理性化視爲
同一個歷史過程，並論證僅在西方文明中才顯
現出來的文化現象有著普遍的示範意義，即科
學、工業和官僚制度中的理性化。

　　其實，任何一個民族的文化放在世界背景
下考察，都有它的特殊性，在這一意義上，最
重要的不是用文化相對主義（cultural relativ-
ism）的態度孤立地看待某一種文化的特殊性
存在，而是觀察其文化對世界文明與人類幸福
到底能夠做出什麼貢獻。如果一種文化模式在
本土文化的範圍中是適應的、滿足的，但對人
類文明或世界秩序不僅沒有什麼貢獻，卻常常
帶來恐怖和危險的話，那麼，這種文化的特殊
性便沒有存在下去的理由，就像納粹主義和法
西斯主義一樣，這些曾經作爲一種歷史文明象
徵的腐朽文化，儘管有其存在的土壤，畢竟是
人類最終拋棄的異質性的東西。

　　文化普遍主義 (cultural universalism)
的實質是來自人類平等的觀念，像某些基本價
值是適用於全人類的，如人權，就超越了種族
和文化的界限，它比空泛的民族平等、民族自
決、民族權利的概念更深刻，也更實際。如果
承認基本人權是人類發展的必然產物，那它就
絕不應該只是西方文明的專利，而是人類共同
的精神財富。文化相對主義雖然以尊重不同文
化為原則，但又把不同民族維護自己的政治制
度和政治方式視為天經地義的，原因是文化相
對主義絕不承認文化具有價值的普遍性，而只
有特殊性，這樣，那些超越了世界文明標準的
個別族群的文化異質性，便有了存在下去的依
據。如果將這種文化異質性的特點推於極端的
話，便會形成一種文化的優越感；而從這種特
殊的文化優越感出發，便會演繹為一種保守的
文化民族主義立場。然而，文化普遍主義並不
否認人類生活形式和概念系統的多樣性，也承
認不同文化傳統及其世界觀具有不可通約性，
但這種不可通約並不一定導致特殊主義，因

爲，世界上的不同民族的歷史傳統和文化建構
畢竟要共存下去。

在當代，民族主義從政治轉向經濟，從盲
目排外轉向充分利用西方文化成果，顯然是一
個重大的發展，特別是在一些政治上取得獨
立、主權受到尊重的國家中，振興民族經濟是
一個普遍性的選擇。在那些政治上和經濟上都
取得一定成果的晚工業化國家，民族主義注視
的重點必然又轉移到文化方面，即藉由對歷史
傳統和族群價值的全面提升，來確立一種新型
的民族關係。但是，族際關係是世界上最複雜
的問題之一，因爲一個族群的成員對本民族的
認同和忠誠，與對其所在國的政治形成和制度
架構的認同，可能一致，也可能不一致。由於
社會制度的差異，「政治民族」（polical
nation）與「文化民族」（cultural nation）常
常被有意或無意地混淆，所以，反映在民族認
同方面，主要是以政治和意識形態爲標準，而
不是以共同的文化價值爲標準，這樣，無論是
民族內部，還是族際關係，文化認同還是要受

到制度體系異質性因素的影響。

　　在現代化的進程中，民族文化意識的高漲導致了一些國家和地區的劇變，民族文化認同的潛在影響力不僅加速了像德國這樣的中歐大國的重新統一，也促進了像蘇聯這樣的東歐帝國的徹底瓦解。正因爲如此，意識形態可以消解，超級大國可以分崩，制度可以重新選擇，但是，文化作爲傳統的產物是不會失去個性的，種族身分更是不能改變，與現代化並行不悖的便是尋根、本土性和基本教義派（fundamentalists）的興起，這樣，文化的斷裂又會阻礙不同地區的交流與整合。

二、地緣政治與意識形態的壁壘

　　在一個國家的權力模型中，民族意識是一種被充分整合了的助緣力量，無論是資產階級革命時代，還是後來的第三世界革命的經驗，民族主義都被整合於其中，民族情緒被成功地

轉化爲一種政治態度，一種把次等族裔地位轉化爲大衆反抗意識的政治要求，這是沿著民族主義到民粹主義交替發展的政治過程。這表明，當一個社會產生了經濟和政治的危機，加上因文化迷失方向而變得無所適從，即是最需要一種意識形態來建構民族精神的時候。

　　從十九世紀晚期開始，大量西方觀念輸入到東方世界，它刺激了一種務實、開放、求新知、求進步的社會思潮。在這樣的情況下所產生的民族主義運動，最重要的一個意義就是：政治文化理念被從宗教和政府的獨占下解放出來，成爲民間所關心、所參與的事。一個普遍的事實就是東方各國都試圖從傳統的經典中來找尋西方政治思想的依據，以便走出一條變法圖強的道路。但除了日本的變革受到政治力量的支持外，其餘包括中國在內的亞洲國家，幾乎都面臨著政治保守勢力的壓制。那時，一個受到官方鼓勵並喊得最響的口號便是「亡國滅種」，這裏的「種」其實不是生理上的「種」，而是指中國的傳統和文化。西方列強的炮艦政

策和文化政策雙管齊下，所要達到的是全面征
服，所以中國人想到的「亡國滅種」是意識到
文化征服的威脅。因爲中國從秦漢帝國以來，
幾乎在所有時代都作爲影響半個世界的中心，
其中受中國影響最大的是日本、韓國、越南以
及東南亞等地，形成了廣袤的「東亞文化圈」，
這是東亞文明的體現，也是「華夏中心主義」
（sinocentrism）的由來。

　　中國文化在未與西方文化接觸以前，由於
缺少可以參照和比較的其他文明模式，因而從
未想到自己的文化制度有什麼不足，它作爲一
種原生文化，即使在歷史進程中不斷受到異族
文化的滲透，但結果總是被中國文化所同化，
外來文明也未能從根本上改變中國文化的結構
和性質。而且，中國文化深深紮根於以血緣關
係和地緣關係爲基礎的宗法制度之上，任何外
來勢力在實踐上去改變它也是不可能的。所
以，自我中心的朝貢觀念，華夷之辨的敵我觀
念，都爲政治權力的維繫提供了道德的認同，
以及進行政治角逐的空間，這是一種以族緣意

識爲特徵的地緣政治（geopolitics）的結構。它不僅形成了以東亞爲網絡的文化傳承，也形成了以華人爲主體的經濟組合，在這個地域中，國家和民族的觀念是以母語文化爲基礎，跨區域的語境也是以中國文明爲軸心。

在中西文化之爭中，西方人相信，不僅科學技術可以用來證明西方文化的優越，而且宗教倫理、價值觀念、社會制度也可以用來證明西方文化的優越，所以科技和價值觀念總是作爲文化的先行，逐漸滲透到東方各國。在傳統的宗教倫理方面，則是東方統治者固守自己的網絡，並用同樣的心態，來證明「西方優越只在物質，東方文明卻在精神」的言說。然而，西方主要是想在文化上征服中國，企圖改變中國人的思想和習慣，進而改變中國的制度和權力結構。其結果必然是引起地緣政治衝突的升級，此時中國傳統的文化精神也必然作爲一種工具主義的理性，爲政治權威或文明範式充當意識形態的壁壘。

出乎意料的是，開放口岸的環境卻產生了

最成功的現代化社區——雖然這個屈辱的過程從十九世紀晚期一直持續到二十世紀三十年代。這種情形正像白魯恂（Lucian Pye）所描繪的：當時的上海因此遠居其他一切亞洲城市之上，而那時的東京被掌握在迷頭迷腦的軍國主義手中，馬尼拉像是個美國鄉村俱樂部，河內、新加坡和仰光則只不過是些殖民地行政機構中心。西方各國在中國實行的「沿海文明」，在本質上是作為文化滲透和經濟侵略的灘頭堡，然而卻使得中國人親身瞭解了西方工業文明在中國土地上創造的奇跡，並發展出一套獨特的現代中國的生活方式。然而任何一個社會總要為自己所特別喜歡的傳統進行辯護，當一些特徵失去了存在基礎，以致成為一個社會不利因素時，便要採取一種變通的方法來維持原有的倫理和道德；中國當然也不例外。

比如我們從一些三十年代的文藝作品中，便可以看到一種隱含的象徵傳統意識的民族主義情結。那些當時最流行的文學和電影創作，都是如出一轍，攻擊那些已經洋化了的華人的

道德品質。像《桃花泣血記》，描寫了一個富裕的城市男孩愛上了一位窮苦、善良的農村姑娘，但這個東方灰姑娘的故事是以男孩家庭激烈反對這椿婚事，姑娘終於死於難產而告終。這裏的寓意在於，這個絕望的少女就是中國，它那天眞無邪的美麗是自然的，那位花花公子發現了她的中國式美德以及絕代姿容，他引誘她，奪去了她的貞操。另一部《粉紅色的夢》則描寫了上海墮落生活的側面，一位作家的妻子是一位純潔善良的農村姑娘，但是作家移情一位妖艷的酒吧女郎，最後這位西方化的酒吧女郎對作家厭倦了，又回到她的夜生活，投入另一位情人的懷抱。純潔善良的前妻則原諒了作家，拯救了這個曾經不忠的丈夫等等。這些作品的文化主題，都是宣揚一種鄉土氣息和傳統價值，這與五四時期激烈反傳統的精神完全不同了。五四時期只要抨擊中國傳統家庭的一些特徵，例如包辦婚姻、妾侍制度和父權至上等等，便可以輕易地被認爲是符合時代潮流的反叛英雄，而到了這時，象徵傳統道德的孔孟

倫理則被描繪成高尚純樸和充滿家庭美德的最
高典範。

　　眾多的東方國家，不論種族、文化、宗教
有何差別，在經濟上都是以農業為主，有些經
營畜牧業，在社會組織形態上，都是以村落社
會 (commual society) 為主要形式。這些傳
統型的以農牧業為主體而工商業尚未充分發展
的國家組織形式，其社會控制是自然延續下來
的家族傳統、風俗習慣以及宗教倫理精神。因
此，倫理文化與鄉土社會構成了一個相互依存
的共生體，道德和村社始終作為農業文明的兩
大根基。在強大的農業文明下，鄉村反映出的
反商品經濟、反都市文明、反法律文化的保守
傾向，使同構共生的鄉土社會與倫理文化更加
依賴於一種文化民族主義。在這裡，國家象徵
著以主權為頂點的官僚機構，社會則是民間村
社以及並不確定的人的關係網，國家和社會共
同懷有維護群體安寧與秩序的目的。切身的血
緣關係和近鄰關係為這種秩序提供了深厚的文
化土壤，但血緣和地緣等社會集團並不能因此

建造一個完整的法的共同體，國家秩序只是體現在族群的內部關係之上，處於國家組織的庇護和管理之內。

東方文化過多地習慣於歷史的思維方式，也滿足於由政治社會支配民間社會的利益共生機制，在哲學上總以為只有實踐過的客觀世界才能作為認識世界的出發點，因而對自身並不熟知的外部世界常常持懷疑的態度，採取排他主義的作法。像東方主義（orienalism）的民族情結就是被用來對抗西方文化的，它並非是一種理性上的自我肯定，而是與後殖民主義一樣，是一種新的矛盾心態。所謂「東方主義」原是指西方文化界對東方文化的無知、歧視和醜化，但與之相對應的還有一種「浮躁的、盲目的、非理性的」對待西方文化的態度，既包括一廂情願的認同，也要求不顧一切的排斥。

與此同時，歐洲因工業革命帶來的社會劇變，生產力的普遍提高，和制度的徹底更新，為哲學發展開創了史無前例的局面，這時，它由原來把東方思想規約為人類文明曙光的認

識，又重新回到歐洲範圍的民族認同和文化認
同中，聲稱世界精神已經體現在西方，東方文
明已隨著歷史的終結而衰落，這種以近代文明
發生與發展爲根據的論說，逐漸成爲歐洲中心
主義（europecentrism）的理論來源。從東方
主義的立場來說，人們認爲西方文化帶有種族
性、性別歧視，以及帝國主義的傲慢，但很少
去認識西方文化本身也是在批判傳統的基礎上
發展，正是它意識到本身存在的殘忍與偏執，
才設法去爲了防止這種殘忍和偏執而力爭做到
自我解脫。

　　東方主義泛化的結果，是思想的內緣性萎
縮，因爲用來對抗的一切文化資源都變得十分
稀薄之後，人文和學術也就成爲一種技術性的
操作，而不是一種文化性的創新，這必然導致
客觀上的人格萎縮。把傳統與現代對立起來，
並營造一個以地緣政治爲中心的意識形態架
構，也成爲東方主義的思維典範。由於這種觀
念是以排斥西方市民社會的合理性價值爲前
提，所以，在農業文明的社會倫理價值規範下，

東方各國一直到第二次世界大戰前並沒有發生結構性的變化。值得強調的是，亞洲的知識分子不論左傾還是右傾，都對這樣的主義的思考模式愛不釋手，殊不知這正是西方殖民主義者為了從文化上征服東方民族，而同樣採取的一種地緣政治的策略。

不同文明走向現代化的過程中，每一種文化都有自己的深層結構，不會因為現代化而改變。文化的深層結構具有傳承性，例如在俄國演變的史達林主義與西方意識形態的對立，肯定與東正教以及拜占庭帝國的文化傳統有關，在日本演變的軍國主義與人類文明社會的對抗，也肯定與本土神道教以及幕府政治的文化傳統有關，這構成了一定歷史時期內的地緣政治的架構及其意識形態衝突的根源。所不同的是，第三世界的反殖民化哲學，是在一種文化優越意識受西方工業文明衝擊變得扭曲之後，以「文化個性」、「文化平等」的名義，來伸張民族主義的願望，它一方面使用了歷史集體型的族群觀念，贏得了民族獨立和國家主權，一

方面又使用生態聚合型的族體意識，成功地建立了排他主義的心理機制；然而這樣做的結果，是把壓制異己、排除異端的地緣政治合法化。

文化民族主義帶著情緒化的判斷標準，對歷史進行分析，對民族進行定位，因而不是一種價值的尋求：包括有意識地保護寬容、人權和民主這些難以分割的思想；而是把民族存在的坐標指向過去，回到農業文明的審美世界。文化民族主義不是從經濟或政治層面發揮作用的模式，而是從文化所能解決的合法性問題中，來尋求危機的根源，所以在內部主要體現在對秩序與公平、禁欲與渴求之間保持一種守成的態度，彷彿社會的基本矛盾不是文化應該關注的，理由是文化的偏頗或審美的局限會使政治的合理性受到質疑。這表明，文化民族主義與區域性政治架構具有內緣性的聯繫。

區域性國家或區域性文明，本來是不同民族所創造的一種組織結構或文化模式，但它隨著地緣政治的相對強固，而進入一個長期的僵

化時期。如果從東亞經濟績效而產生的一系列
後果來看待這種僵化的結束，可以得出，人們
對於已經衰落了的文明的模仿至此告終，並以
最大努力去學習先進文明的工業、理性和政治
方面的新經驗。人們似乎恢復了一種自強自信
的精神，而且也不去理會自暴自棄的縱欲主義
文化與充滿希冀的理性主義訴求之間的對立，
因為一個極度疲乏的社會不會聽任自己沿著一
條最小抵抗的途徑遊蕩下去，它想像一種真理
和生活，便不知不覺又進入一個網絡。

三、跨國經濟與本土價值的提昇

　　民族主義的歷史差異不大容易進入視野，
也不太容易捕捉，這是因為它不單是東方的，
抑或西方的，而是一種普遍的現象。東方的民
族主義反映了一個部族或族群在開化的過程
中，對信仰、風俗、習慣、倫理等傳統價值的
操守，它對內呈現傳統主義與集權主義結合的

趨勢，對外則是作爲政治主權和民族利益的象
徵；而西方的民族主義雖然對內呈現工業理性
與民主價值的結合，對外卻是反映了殖民主義
和帝國主義的形象。在東西方文化交鋒的過程
中，只有經濟具有一種既定的共通性，它會造
成一種工具式的被迫接受或強迫施予，而不論
其文化差異如何。

　　一種文明在向外擴散並自我表現的時候，
外族文化首先要受到這種文明的經濟因素的影
響，像物質充裕和科技示範，都可以成爲一種
誘惑；其次才是政治文化因素的影響，諸如法
律制度、道德理想、價值觀念等等，也可以做
爲一種模仿的樣式。但這個次序不是不變的，
有時候政治文化因素會首先滲入；不過在大部
分情況下，經濟因素總是首當其衝。經濟的殖
民性征服會借助東方主義觀念的解釋，來疏離
當地文化精英與他們的文學、經典、教義的聯
繫，利用跨區域經濟的環境，削弱當地人民的
敵對情緒。

　　歷史上，大規模生產的經驗表明，經濟力

量來自資本的凝聚，它除了資金和物質的象徵
外，也是一種文化的洗煉。像知識和技能通常
是一種文化的形式，也是資本的原初，它固定
在機器中，就是技術資本；它存貯於人腦中，
就是人力資本；它充溢在書本中，就是智力資
本，這是經濟發展的最重要的力量。隨著經濟
的跨國化和全球化，爲世界帶來了三種相互關
聯的巨大變化，這就是人們常說的知識爆炸、
技術革命和城市化，顯然，這是文化更新的標
誌，也是民族主義現世化的基礎。因爲民族的
切身利益係結在經濟的增長上面，這涉及到每
一個人，而國家的基本使命就是應付全球經濟
帶來的離心力，這種力量正在拆散過去那種把
人民聯繫在一起的紐帶，把更多的財富給予具
有高度知識和技能的人，同時卻降低較少知識
或較少技能的人的生活水準，從而在民族與民
族的範圍內維持富者愈富、窮者愈窮的殘酷現
實。

　　當代世界經濟的一體化格局，將每一個國
家都捲了進去，一個國家的人民的生活水準，

也越來越取決於他們在世界經濟中的互利關係，即取決於他們的知識和技能在國際競爭中所能實現的價值，而不取決於他擁有什麼然資源或營利的手段。雖然解決經濟戰略問題的科技能力，只能隨著經驗的積累而改進，而不能繼續依靠對別人先進技術或知識產權的模仿，但是這對發展中國家將愈來愈不利。最恰當的方法是把市場組織起來，以便發現那些既有助於同世界經濟相適應，同時又使自己遭受最少損害的方法。但市場不是由上帝創造的，也不是靠某個國家的意志來維持的，它實際是個人權利和責任的一套不斷變動的判斷的總和。什麼是你的，什麼是我的，什麼是大家的，這需要市場規則來界分，否則，那些能對這種界線構成威脅的行為，像盜竊、暴力、欺騙、勒索等，就會變得無法控制，道德與法律、公平與效率，權利與責任等，就會界限不明。市場既不是靜止不變的交換實體，也不是外在於人類行為和需要的簡單模式。從根本上講，市場也是一個文化網絡，當國家力量為市場的存在留

出一定空間的時候，市場不僅能滿足人類對物質的需要，也能煥發人類對交往的渴求。市場不僅是一個物質主義的概念，也是一個文化主義的概念，因爲市場機制首先是與民族的歷史、習俗和偏見相聯繫的；但同時，市場又是世界普遍規則的象徵，它可以超越種族、文化、區域而獨立存在。

　　建立民族主義式的經濟，最好的辦法是透過國內市場保護自己不受外面的競爭，從而能夠以足夠高的價格在國內銷售商品以抵銷開支，並獲得相當豐厚的利潤，這樣的一種民族經濟發展的道路，使各國逐漸捲入不斷升級的保護主義的行列。它意味著，一個國家的經濟要獲得成功，肯定會以另一個國家經濟的損失爲代價，這也是實行經濟民族主義的負面效應。「此勝彼敗」的民族主義經濟策略，最終會敗壞業已建立起來的公衆的價值觀，並不得不支持那些福利收益甚微，但同時卻損害其他國家利益的政策；受此影響的結果，於是，軍備競賽會逐步升級，貿易壁壘也越築越高，對利

益的角逐又會導致新的冷戰。

　　這裏，經濟民族主義的一個新邏輯就是：
一國勞動力的知識技能和該國基礎設施的全面
質量，是這個國家在世界經濟中具有特殊吸引
力的資源；而一個國家不能只是靠相對較低的
工資和低稅率來吸引全球資本，因為這些吸引
難以向未來的教育和基礎設施提供足夠的資
金。雖然世界主義的理念為全球經濟的進步提
供了有益的看法，避免「此勝彼敗」的陷阱，
但它畢竟不是一種可供大多數國家接受的原
則。而積極的經濟民族主義一方面強調本國公
民所負的責任，以提高民族國家的能力，使生
活變得充裕和豐富，另一方面也能和其他國家
真誠合作，以保證自己國家的改善不以犧牲他
國為代價。這不同於世界主義，因為它基於國
家使命感，基於與共同的政治信念相聯繫的有
原則的歷史和文化。

　　在由跨國經濟引發的各國對抗中，以經濟
開發和提升國家實力作為民族主義的基礎，然
後再以文化平等的觀念，對抗西方世界，是東

方國家普遍採取的民族主義立場。因爲一個國家的經濟實力太差，它的文化凝聚力以至於這個國家的文化形象可能都不太好；然而，如果經濟發展起來，也會產生文化的優越和自信，民族的凝聚力也會隨之上升。

雖然，一個民族國家的經濟增長方式可能是多樣性的，但在大多數發展中國家，近幾百年增長的財富都消耗在人口繁殖上面，像中國，它的經濟績效常常被人口的增加所抵消。在某種意義上，很多發展中國家採取的民族主義立場，是對共產主義或自由主義的選擇的一種妥協，它似乎是在蘇聯式的專制集權與歐美式的自由民主之間尋找一條出路。因此，在制度形態上，易將權威政治同自由經濟相銜接，形成一種新的發展模式，這意味著官方的民族主義仍然把經濟發展視爲一種政治行爲，以便從中汲取合法性的資源，而在文化策略上，開放市場便意味著將已經鬆馳的意識形態重新向世界敞開。

本來，民族意識是一種植根於本國文化傳

統的強烈情感，然而，隨著經濟現代化因素的
融合，已不再是一種自發的心理機制，而是由
地緣政治和商業霸權共同製造出來的神話。在
第三世界的許多國家中，由於社會發展的首要
目標是解決人民的溫飽問題，因此，民眾呼喚
民主政治的聲音相對較弱，民族主義的發育也
有意無意地迴避存在於本土社會現實生活中的
暴力、壓迫和不公，因而不僅能和官方意識形
態相安共處，也提供了一種易於化解和控制的
文化重建模式。一些以雜交性（hybridity）而
自鳴得意的知識精英，甚至採取更加偏執、更
加絕對化的做法，乾脆把提升本土化的文化價
值用於集團政治的目的。

　　以文化相對主義爲緣飾的新保守主義
（neo-conservatism）便是利用後殖民主義和
後現代主義的話語環境，正在力圖拋棄那些與
本土化價值格格不入的人類理性精神，包括民
主思想、人權觀念、平等意識這樣的普遍價值。
於是，以本土價值爲號召的文化民族主義，便
成爲國家權力最有利用價值的意識形態工具，

對內，這是權威民族主義合法性的來源，對外，則是抵禦西方價值的最有力的依據。弔詭的是，通過文學藝術的非政治化、日常瑣事和市民趣味媚俗，使本土文化價值的真精神一再被抽空，而民族意識、民族特色也被形式化和道具化。

在一些後發展的國家中，民族主義的異化現象是突出的。在中國，隨著華夏中心主義的失落，知識精英普遍認識到中國的經濟和政治落後於西方，但他們仍把中國文化，特別是儒家倫理視為世界最優秀的文化，這就導致了文化保守主義思潮的興起。這一思潮力圖從中國文化的本土資源中提煉一種足以安身立命、興邦強國的民族精神，以加強族體的凝聚力；但隨著現代化進程對中國文化的衝擊日益激烈，它的本土化情緒也隨之高漲，最終放棄了它的原有的開放性，排斥對外來文化的吸收和再造，阻礙對傳統的突破。這樣，中國文化與其說是一個更大的與民族形態相適應的實體，不如說是一套更具根本意義的秩序和價值，而對

這套文化價值觀的認同，導致了階級、種族、
區域、天下等概念仍舊無法超越本土的範圍。

　　在歐洲，發達國家中也因經濟全球化而導
致了一系列的社會問題，出現向右轉的趨勢。
在德、法、義這些國家，排拒外來移民的風潮
愈演愈烈，在澳洲、美洲也有類似的情況。這
就是新右派（neo-rightist）的出現，一種變相
的種族主義的興起。其實，新右派與新納粹主
義（neo-nazism）的光頭黨都是同出一脈，它
們都是透過一種間接的方式，把各個種族之間
的自然的不平等轉移到各種文化的差異方面。
新右派的文化主義的歷史觀斷定，平等主義的
一神教是現代世界各種衝突的意識形態根源，
儘管新右派也鼓吹差異主義和多元主義，但它
們在維護文化多樣性和差異性的旗幟下，揚言
要保護一定的種族文化的同質性，所以，多元
文化只適用於種族之間的區域性關係，但不適
應共同體的內部關係，顯然，新右派的理論成
爲驅趕非本土族裔移民的藉口。

　　對於老牌的種族主義來說，血緣和種族的

混合是最大的罪惡，而新右派將文化差異絕對
化，強調不同文化之間的極端異質性和不可通
約，旨在維護本土文化的純粹性或純潔性，從
而間接地維護種族的純粹性和純潔性。新右派
的理論之所以被稱之為「文化種族主義（cul-
tural racialism）」，是因為它在合法地拒絕血
緣與文化的混合雜交方面，與老牌的法西斯主
義和種族主義完全一致。新右派基於一種「族
性迷信（the cult of ethnicity）」，強調只有本
族人才能真正理解和認識本族，否則便是一種
偏見，因為一種共同的文化經歷是一個同質民
族所必須的紐帶，但經濟全球化帶來的文化融
合則會中斷這一過程。

　　歐洲新右派的理論是讓種族藏在文化的背
後，因而與文化多元主義（cultural pluralism）
不同。文化多元主義承認民族國家是一個完整
自主的生命體，這種理想的國家精神能夠將許
多異質的有機共同體結合起來，既可以達到較
高層次的統一，同時又不會壓制內部的族群差
異或文化多樣性，像人們熟悉的美國國徽上白

頭鷹口中叼銜的綢帶上寫的多元 (pluripus) 與
統一 (unurn)，就反映了一種民族多元文化的
深刻含義。這裡，多元主義文化的實際目標是
保持在族群關係上的平衡，盡量不打破種族界
限，防止大量的異族通婚，而在政治活動、經
濟生活和公民責任等社群關係上，則堅持個人
平等或種族平等的原則，從而在不同層面保持
一種合作的關係。然而，在新右派的言說中，
主張民族、民族國家和民族文化的形成，實質
上是一個消滅多樣性和差異性的過程，認為多
元主義文化雖然可能滿足國家的原則，但民族
國家的許多無法解決的問題，如少數族裔自
決、外來移民文化等，在一個本土化的範圍是
無法化解的。

　　在跨國化的經濟範圍內，如果商品、勞務、
資金、技術和人員更加自由地向邊界外部流
動，那麼，一些受全球經濟影響的國家會形成
一種散消的力量，並削弱民族經濟與公民利益
之間的相互依賴，經濟民族主義因此必須依靠
相互信任的原則。在十八世紀以前，很少有國

王、政治家或哲學家認為，國家應當為其人民
的經濟福利負起責任，國家的財富僅僅從屬於
君主而不是歸結為這個國家普通人的福利。但
是，在當代世界，專注於一國的富裕同樣既危
險又狹隘，因為全球性經濟必須透過合作才能
解決的問題，如環境污染、毒品販運、愛滋病
蔓延以及國際恐怖主義等等，需要各個國家、
各個區域之間的聯合，但狹隘的民族保守心態
大大增加了解決這些問題的難度。

　　不可否認，第三世界的民族發展道路是多
樣式的，儘管過去發生的反帝、反殖、反壓迫
鬥爭都是與本土性相聯繫，但隨著各國之間經
濟和政治發展的不平衡，也發生了很大的變
化。由於一些國家和地區在文化上越來越傾向
普遍主義的立場，民族主義意識已經由「對抗
論」轉向「融合論」，像亞洲四小龍以及東南亞
一些新興集團，便是以「融合論」來看待文化
的差異。但也有一些國家，由於其特殊的歷史
記憶不會很快消失，或者出於集團政治的需
要，仍舊持「對抗論」的主張。但是，把一切

現今的社會問題統統歸諉於殖民時代對本土社
會的破壞，已經很難有說服力了，人民脖子上
的直接壓迫已不是單純來自殖民主義者，而是
來自本國統治者強加給他們的各種制度。因
此，在實行跨國經濟的環境中，雖然能夠暫時
避開區域間的民族文化隔膜，卻無法避免來自
本國的具有迫害性的傳統制度的復興以及本土
宗教的基本教義化。

四、民族宗教的復興與基本教義化傾向

經濟和技術的巨大轉變正在模糊國家間的
界限，也在縮小民族間的差異；但是另一方
面，文化傳統和意識形態造成的對峙，卻又在
加強，成為一個無法解脫的悖論。毫無疑問，
每一個民族或社會都在利用世界多極化趨勢來
重新塑造自己，闡明相互之間的權利和責任，
同時，象徵民族保守勢力的因素，如權勢集團
的特殊取向、各種宗教文化的偏見，以及恐懼

民主症等這時又會聯合起來，違背整個民族的利益，而去營造一種極端化的民族主義形態。

在人類社會的今天，帶有傳統宗教或隱含宗教征服的滲透已經越來越困難，而宗教的聚衆最初不過是克服生存孤獨的一種方式，並作爲地緣文明的表徵。然而，人類交流和人的本能決定了自身只接受那些在道德、價值、倫理層面易於認同的東西。儘管經濟現代化所展現的無可爭辯的意義，帶有一種認同的強制性，它能達到一種目的，在順利地進入對方領域後能夠形成相互的理解和溝通；可是，經濟現代化畢竟在本質上是一場世俗化的運動，這對本土宗教來說只會引起道德和價值的迷茫。因此，民族自決和宗教復興不僅關注因世俗化而導致的傳統精神的失落，也關注因文化衝突而引發的權威失落的危機，這將使民族主義與宗教文化結合得更加緊密。

以宗教教義爲背景的民族主義，是把宗教理念、民族特徵都整合在一起，這些整合因素包括了：(1)存在於一般民衆中的宗教意識、倫

理精神和族群習俗等；(2)存在於族體意識中的
服從精神和情緒化的排外意識等；(3)存在於政
治架構中的權威、領域、制度等。正是這些因
素的互爲整合，使民族主義得到空前加強，宗
教力量在世俗政治中也變得更加神聖。儘管經
濟的現代化因素正在緩慢地滲透到社會生活的
各個領域，但宗教力量的復興不僅意味著對傳
統文化的全面照搬，也象徵著對一切模仿現代
文明行爲的嚴厲遏制。在大多數的政教合一的
國家中，對民族宗教的加強，雖然在很大程度
上是源於固守自己的傳統，然而，當它與政治
目標結合起來以後，便具有了更加廣泛的影響
力。

　　在世界大多數地方，宗教都在以基本教義
派運動的方式填塞由於冷戰結束而出現的思想
空白，這是因爲，一方面人們超越了長期以來
的意識形態的認同，另一方面民族國家不再是
認同的唯一來源。這種趨勢，可以見諸東正教、
猶太教、佛教、印度教、伊斯蘭教以及中國儒
家的重新興起。在這裡，東方宗教的精神可以

勾勒出對權威政治和文明方式的基本信仰，而宗教文化復興或基本教義的重新認同，提供了人們委身的基礎，它超越國界而且涵蓋不同制度。相形之下，西方的新教倫理要穩定一些，它不僅要為人欲橫流的物質社會提供道德的約束，而且還要為追求理性的精神世界提供價值的源泉，但總是顯得任重而道遠。

　　基本教義派（大陸稱「原教旨主義」）（fundamentalism）的出現，是與東方各國本土化、民族化目標相一致的，當一種宗教無法抗拒現代化的生活方式和價值要求時，對更加古老的道德訓戒和教義的追憶，便成為基本教義派的動機。在現實中，東西方文化的交鋒，也是基本教義派在東方越來越瀰漫的原因，無論是儒家的、伊斯蘭的，乃至東正教、猶太教、印度教等等，都是源於同樣的道理。族體意識與宗教信仰是密不可分的，就像人們常把以色列的猶太人和信仰猶太復國主義的猶太人都稱為民族一樣，在這裡，民族對猶太教傳統的認同與對國家的認同是一致的。與文化民族主義不同

的是，基本教義派常常從它們的種族特性和宗
教特性中去演繹它們的思想，這樣，宗教哲學
的命運便成為一種天意的啟示，一切都在於為
它創造一個新的道德核心，即用宗教的原始教
義去解釋或引導政治，認同政治者強有力地重
整國家秩序和世俗準則，以顯示它們塑造民族
的能量和權力。

　　實際上，對西方文化採取一種徹底的排拒
做法，正是基本教義派持續發展的緣由。它以
反對西方價值和文化制度作為最高宗旨，重構
或設計一種貌似古老的新宗教觀念，強調公與
私、貴與賤、男與女以及其他方面的神聖差別，
打破各種世俗化了的禁忌分類，聲稱擁有一種
替代權力和控制的社會潛能，因而反對現有社
會結構，反對既定的社會分層，反對由集中、
控制和官僚主義包裝起來的各種世俗儀式，重
新確立由宗教的基本教義演繹出來的社會公平
的準則。顯然，對西方文化的憎惡與厭倦，只
能盲目地抬高和粉飾宗教傳統，它對現代文明
及生活方式的抵制，也只能回到民族沙文主義

的偏激道路上去。像薩伊德 (Edward Said)
的《東方主義》以及《文化與帝國主義》都對
那種無處不在的白人優越感作了尖銳的揭露，
並對那些普遍存在於東方世界的抗爭精神予以
頌揚，但是，當他擁抱理想，崇拜英雄並儼然
成爲歷史主角時，其代價便是民族精神的變形
以及文化的毀損，隨之而來的便是對基本教義
的召喚。

　　人們一般只是關注伊斯蘭（回教）世界的
基本教義現象，卻很少去追究基本教義派產生
的社會背景，其實，伊斯蘭教作爲一種古老的
文化，包含了土耳其語族、阿拉伯語族以及馬
來語族等等，這些地區都是歐洲殖民主義的勢
力範圍，由於各種政治力量對西方勢力既勾結
聯合，又盲目奪鬥，造成了內部派系眾多，矛
盾重重，這不僅損害了民族利益，也傷害了宗
教感情，致使一些宗教極端主義組織相繼出
現。在大多數的情況下，基本教義派運動主要
是針對現行的世俗政權，並對猶太復國主義和
西方霸權主義採取行動。由於這些派系經常採

取極端主義的活動方式，傾向用暴力、恐怖等手段來達到某種宣傳的效果，所以很難得到大多數人的贊同，只能不斷削弱自己的道德根基。西方世界將基本教義派視爲冷戰後的頭號敵人，原因也在於此。

　　宗教形態是民族文化的重要載體，也是構成一種文明的核心。自古以來，宗教透過向社會的滲透，形成了各自獨特的文化背景。像中國古老的宗教傳統在早期社會一直活躍，那時的神話、占卜、祭祀、巫術能夠描繪一種「神人合一」的圖景，這是中國文明的重要思維方式和生存本能。後來出現的儒家學說，雖然不能完全看成是一種宗教，但從它的關於道德主張和社會構想來看，又屬於一種高級的精神性的宗教，它的最大功能是涵容道教、佛教、伊斯蘭教、猶太教的某些教義，並使之中國本土化，從而無法動搖儒家的國家宗教的地位。儒家雖然沒有具體的宗教儀式、宗教組織以及神化了的崇拜偶像，但作爲一種關注世俗的學說，卻始終在中國社會及周邊地區發生深遠的

影響，成為支配中國政治運作的最微妙的因
素。在一些人看來，儒家的思想是中國政治制
度的核心，無論時代怎樣變幻，儒學的基本教
義都不會改變，它既可以包容共產主義學說，
又可以包容自由主義理念，構成中國民族精神
的支柱。令人不解的是，儒家學說始終難以與
基督教精神平安相處，種族和制度因素使兩種
教義的差異也越加突顯。雖然西方宗教最早傳
入中國時，曾有過儒家知識分子歸依基督教的
鮮見事例，但是，基督教的某些組織形式、祈
禱場所，以及有關一神論的上帝的說教，顯然
與中國本土的倫理文化不相符，而且也為統治
者的政治構設所不容——因為非西方文明學習
了更多的屬於西方文明的東西以後，這些潛在
的意識便會喚醒人們去反對他們的主人。

　　通常人們都把日本看成是一個佛教國家，
其實，佛教在日本就像在中國一樣，只是作為
民間信仰的感情依歸，表達了人們企望分享哀
矜或期盼幸運等較為實際的俗世要求，並不與
政治結構相聯繫。日本從明治維新開始，在技

術上學習西方文明的某些長處，同時也建立了
神道國教的正式組織，利用恢復起來的早在佛
教傳入以前就存在的偶像崇拜，把現有的族群
社會和國家予以神化，它作為社會必須的模仿
行為，為其民族發展提供了一種原始的動力。
這種神道國教的最大特徵，是把日本的世俗社
會的統治者天皇視為真神加以崇拜，這樣，宗
教便與國家制度結合在一起，成為軍國主義和
武士道精神的來源，這是日本的極端民族主義
和民粹主義的基礎。日本在戰敗以後，什麼條
件都可以答應，包括制定憲法、解除軍備、實
行西方議會制度等等，但唯一的要求便是保留
天皇制和神社供奉的傳統，這其實是日本民族
精神的依託，也是不屈服的象徵。儘管現在日
本的神道教並沒有統一的組織，但它在民間社
會、商業社團、政治黨派中，以瀰撒和隱密的
方式繼續存在，並在未來影響日本的政治進
程。

　　美國奉行多元主義的民族主義立場，顯然
符合它的政治和社會的傳統理想，所以美國的

社會和文化像管弦樂隊一樣，是由來自不同地域、種族、職業、宗教和社區組成的聯合體，它的國家精神和民族精神由這些差別的統一性構成。其宗教傳統雖然來源於歐洲的基督教或天主教，但主要是以新教精神為主要架構，宗教的寬容環境使社會因此保持了一定活力，並對社群組織和個人制度施以有效的約束。但美國社會的超常發展，也出現了許多秘密宗教團體，像前些年出現的「人民聖殿」組織，以及近來發生的「天堂之門」事件，都是以它們的教徒集體性自殺而駭人聽聞，這些神秘邪教的盛行，雖然反映了一種多元文化、多元道德的現況，然而在一定程度上，也說明了美國社會存在的嚴重的道德危機和宗教危機。

　　種族歸屬感對於每個地域集群或宗教社群來說，都是客觀存在的事實，但是，歷史的傳統在很大程度上鼓勵了將這種歸屬感演變成一種宗教的狂熱精神，這就可能成為無休止的地緣衝突的藉口，並帶來災難性的後果。在當今世界，宗教的基本教義傾向加強了種族認同的

復興，所以，猶太民族與伊斯蘭世界，東正教
與穆斯林民族的衝突日益激烈，像中東地區持
續半個世紀的以色列與阿拉伯人的戰爭，以及
近來圍繞巴勒斯坦的地位和耶路撒冷歸屬發生
的持續衝突，都爲人類社會的和平與安寧帶來
隱患。還有在波士尼亞和薩拉熱窩的屠殺，俄
羅斯人與車臣人的對抗，亞美尼亞人與亞塞拜
然人之間的相殘等等，民族的紛爭與他們之間
的日趨分裂，都與宗教信仰的背景有關，而民
粹主義的政客、宗教領袖，以及一般的傳播媒
體都發現，民族宗教的復興是動員大衆支持並
對軟弱政府施壓的有力手段。

　　一種古老文明的解體或再生，不僅僅是建
立在宗教教義和道德信條的演繹之上，同時也
建立在幻滅、恐懼和冷酷的社會時弊之上，人
們因此產生了疏離感、罪惡感和歸屬感，並設
法求尋一種自我解脫或自我救贖。當一個社會
處於轉型的時候，宗教的作用是顯而易見的，
因爲個人處在動蕩和紛爭年代所積累的不同行
爲、情感和生活的特徵，在這時會被宗教文化

的特徵所取代。

　　民族主義是在全民認同的政治理念中發展起來的，即人人具有相同的地位、權利和義務的認同，顯然，大多數的宗教原則都會模仿這種認同，民族主義因此與宗教建立了深厚的聯繫，並產生一致的民族精神和民族力量。在充滿紛爭的環境裡，東方的民族主義仍然會保留它的烏托邦精神，即把族群構想的沒有壓迫、沒有貧窮、沒有戰爭的基本教義視為未來的極樂世界，從而無法排除宗教救世主義和基本教義的影響，但它所關注不是頌揚人類自由精神的本質，而是將一種文明的優越感凝結在政治制度的保守之中。

第四章
文化民族主義潛隱
的文明衝突

衝突是生存的本質，沒有衝突，人類的生活和交往就沒有意義。

一、文明的不同範式與衝突機制

人類由於歷史、地域、族群和社會的複雜差別，無可避免地會產生文化的差異性。當兩種或兩種以上的文化相互交匯時，不同的主體對異質文化都會依照自己的制度傳統和思想模式進行解讀。雖然把異質文化當做異端邪說或獵奇對象的時代已一去不返，但是，不同民族

的文化交往仍然具有無法溝通的成分和傾向，
這其中的原因可歸納爲幾個方面：一是爲了保
存文化傳統的純潔性，或保持意識形態的純潔
性而拒絕開放，拒絕交流，重建文化的壁壘；
二是由於歷史積怨較深，文明斷層難以彌合，
因而強調差別，強調矛盾，用民族情緒替代和
平交往，重構對抗的格局；三是堅持文化霸權
的立場，以強勢文化心態，壓制弱勢民族文化，
唯我獨尊，唯我是從，重組中心主義的優勢。

　　關於文化衝突的新態勢，既有歷史遺留的
不同民族或內部族群之間的各種矛盾的積累，
也有由於思想、宗教、社會制度以及社會發展
落差形態的交流與溝通的困難；既有殖民主
義、帝國主義時代留下的所謂「東方主義」、「後
殖民主義」之類的文化錯位影響，也有東西方
冷戰時期留下的階級、種族、政治體制等方面
的錯綜複雜的意識形態殘餘等等。文化衝突是
一個有歷史必然性的現象，在這裡，文化實際
成爲隱藏各種矛盾與衝突的綜合體，如宗教與
觀念、制度與實踐、差異與統一等等，既是內

部文化發展的動力，又是外部文化衝突的根源。

　　關於文明的概念與範式，歷來衆說紛紜。杭廷頓（Samuel Huntington）認爲，文明是人類文化認同的最高領域，它一方面由語言、歷史、宗敎、風俗、制度等共同客觀因素決定，另一方面也有個人主觀認同的因素，所以，像鄉村、區域、社群、敎派、民族等等，都有各自的文化認同基礎。正因爲如此，世界形態在很大程度上取決於幾種主要文明的互動，它們包括西方的、儒家的、日本的、伊斯蘭的、印度敎的、東正敎的，以及以天主敎爲中心的拉丁美洲文明和以原始宗敎爲中心的黑色非洲文明等等。史賓格勒在《西方的沒落》一書中，也試圖建立一種有關文明的學說，他認爲，每一種文明都有其朝氣蓬勃的青春，強壯有力的成年，也還有垂暮衰微的老年，他的論說使一種占統治地位的文明模式具有了命運的觀念，這是建立在有關西方文明或文化中心轉移，以及高度文化成就的周期性變化的基礎上。

　　人類文明具有這樣一個基本悖論：它一方面在自己領地宣揚理想，建立秩序；另一方面又在外部世界踐踏這個理想，破壞這個秩序。民族主義便具有這種特徵，它甚至把這個矛盾所引起的衝突、屠殺、抗爭視為伸張正義所必然採取的行動。歷史上，古羅馬帝國、阿拉伯帝國、漢唐帝國，乃至後來的大英帝國、今日美國等等·都沒有例外。事實上，憑藉力量輸出意識形態，用道德價值來誘惑、操縱和整合社會力量，正是文明的一種範式。從這個意義出發，某個民族的衰亡，主要不是指它作為一種生命群體的滅亡，而是指一種文化精神的滅亡。某種文化或文明的消失，可能它的蹤跡或脈絡還可以找尋，但人們已經無法真正解讀，像古代的埃及文明、兩河流域文明、瑪雅文明，甚至像大西洋洲那樣的神秘傳說。

　　區別文明差異的唯一方法是把在文化中規範化了的動機、情感和價值作為背景，認識它的思維習慣和它的規範的可能程度，就像對一種藝術成就不能用評價另一種藝術的方式來評

價一樣，因爲各種文化的內涵和特徵都力圖達
到一種爲本民族所欣賞和體驗的目的。從文明
變異的研究中可以得知，在傳統習俗影響下的
族群的習慣模式的塑造，不能只限於原始文化
的範疇，文化完形在我們已知的社會中，也同
樣具有說服力，因爲不同文明的歷史差異、所
處環境以及社會等級的分層等等，都能提供一
個參照的標準。文化的本質是活躍在個體生命
中的內在精神和人文特徵，不同生命群體的精
神和特徵的整合，又會構成文化的同質性或異
質性的差別，因此，文化的傳遞與延續，不能
簡單地理解成它的外在形態的傳遞與延續，而
本質上是一個族群或族體的內在品質和精神特
徵的創生或發展，所以，一個族群或族體的文
化本質決定了文明範式。

　　一種文明企圖用武力吞噬並消化另一種文
明，可以有兩種不同的結果：一種是征服者占
據了那個已經消逝的社會的疆域，讓入侵文明
繼續下去；一種是被征服者經過若干世紀終於
又找到驅逐入侵文明的機會，像俄國人、中國

人都曾經歷了這一過程，而文明從退隱到復出，標誌著一個新的社會品種的誕生。在古代中國，使帝國政府嚴重不安的一直是來自歐亞草原的狹路入侵的危險，但是，當處於游牧民族狀態的蒙古人或滿州人取代中央王朝之後，就不再面臨來自草原大陸的危險。這表明，一種文明範式同周邊的文明範式大致相似甚至完全一致時，衝突的機會便大大減少了。

　　所以，在衡量一種文化的衝突時，由於族群或族體的內涵比較豐富，較之人們常用的「民族」的概念，似乎更加寬泛，也更少主觀的因素，像討論黑色非洲中部圖西族與胡圖族之間的種族仇殺，伊土兩國邊境的庫爾德人的聯合反叛，斯里蘭卡境內的泰米爾人的分離運動，俄國境內的車臣衝突，前南地區的波黑衝突等等，用「族群衝突」（ethnic conflicts）的概念要比用「民族衝突」（national conflicts）的概念更加合適，因為族群衝突是一種文明的衝突，而民族衝突是一種政治的衝突。如果一個族群只表示對本族體的忠誠和認同，不涉及對

某一種國家形式的忠誠和認同，那麼，這只是體現了族緣與地緣的歸屬感。在一個高度緊密結合的民族社會中，爲了維護內部的團結和統一，不僅需要內部文化與外部文化的對抗，而且需要內部與內部之間的相互制衡，因爲利用一種高度整合了的意識形態認同，可以同時向外部和內部施加壓力，阻止破壞性後果的出現，使文化衝突的強度減弱。

　　隨著冷戰硝煙的消散，民族主義精靈又被從潘朵拉盒子中釋放了出來，在世界各地顯示威力，它的衝突席捲了歐、亞、非地區，令世人爲之側目。正因爲如此，民族主義又被人稱爲「是一頭難以被理性馴化的野獸」，這其實就是傳統的族體主義或是極端的民族主義的凸現。由於人們總是以種族或宗教來界定自己的身分，因而象徵不同種族或宗教身分的族際關係，成了劃分「我們」與「他們」的對立關係。在東歐或前蘇聯，通常是以意識形態認同來界定國家組織和地緣利益的，但在相繼解體之後，傳統的種族身分認同和宗教文化歧視又伺

機發展起來，像前南斯拉夫地區的塞族、穆族、
克族之間的三邊對抗關係與流血衝突，前蘇聯
地區的波羅的海三國人民與俄羅斯的武裝對立
等等。這說明部族式和宗教式的忠誠不僅會分
裂國家，也會運用國家安全的名義來限制公民
的各種權利，並將人們的情緒引向對抗和流
血。在塞浦路斯的希臘人和土耳其人之間，在
黎巴嫩的基督徒和伊斯蘭教派之間，在亞美尼
亞人和亞塞拜然人之間，在以色列人和巴勒斯
坦人之間，所爆發的暴力衝突都是這種族體主
義付出代價的可怕證明。

　　歷史上，人類衝突主要是圍繞各個族體的
擴張而展開的。在試圖擴張軍事力量、商業市
場、官僚機構以及重要的領土方面，王權象徵
著民族的統一，在民族國家建立之後，以文明
為中心的衝突綿延不斷，成為推動和塑造歷史
的力量。人類文明在規避戰爭、謀求和平的時
候，總是在技術、文化、精神變革的荒野中摸
索出路，而經濟聯繫的拓展，人文意識的提升，
曾經是防止衝突、制衡暴力的重要條件。文明

衝突的複雜性在於它具有無法相容的兩面：道德與權力、公平與效率、戰爭與和平，這些都是與文化形態有關的制衡因素。在民族形成的過程中，把部族或族群的成員轉變成地緣公民 (territorial citizen) 需要政治鬥爭的促動，以及對文化價值的重新定義。像前蘇聯和東歐的瓦解，主要是基於原有的族群文化的差異，在大一統時期，這些族群的疏離因素受到壓制並潛伏下來，但在政治、經濟和社會危機一齊來臨時，它們便爆發出來，成為各個族群提出領土要求、政治要求、軍事要求、資源要求的原則和動力。

冷戰始於鐵幕將歐洲分隔的時候，它也隨著鐵幕的消失而告結束。雖然歐洲的意識形態分界已經變得模糊，但文化分界又再次浮現：一方是西歐的基督新教和天主教，另一方是東歐的東正教和伊斯蘭教。美國歷史學者華萊士 (William Wallace) 曾指出，歐洲最重要的分界線大概是公元1500年西方基督教的東部邊界。這條分界線也是今天「北約」組織東擴的

界限，它把芬蘭、愛沙尼亞、拉脫維亞、立陶
宛、波蘭、捷克和斯洛伐克、匈牙利、克羅地
亞等地區與前蘇聯的俄羅斯、烏克蘭、白俄羅
斯以及巴爾幹的東正教國家分隔開來。文化和
宗教的差異繼承了東西歐之間的對抗格局，這
種差異不僅使國家政治發生分歧，從人權、移
民到貿易，從商業、市場到環境，也帶來一系
列的糾紛和困擾。

　　不同文明斷層線上的鄰接集團，常常為了
領土及控制權而鬥爭，為了相關的軍事與經濟
力量而競逐，為了散播各自的政治及宗教價值
而大打出手。正當波斯灣、高加索及波黑地區
衝突持續的時候，非洲中部的黑人部族問題，
亞洲東部的釣魚台歸屬問題，澳洲南部的種族
排外問題，以及西歐大陸出現的驅趕外籍移民
問題等等，也接踵而至，趁勢澆油。最重要的
是，西方以民主、自由、人權作為普遍價值，
來維持其軍事優勢並促進其經濟利益的種種做
法，最終對其他文明的傳統、價值、尊嚴以及
主權激起負面的反應。當一些國家組織或地域

集團愈不能用意識形態來尋找支持或結盟時，
便愈發訴諸共同宗教信仰與文化認同來達到這
些目的。正像杭廷頓所宣稱的，今後文明衝突
將取代意識形態和利益衝突，成為未來國際政
治鬥爭的主線，而文化將是截然分隔人類和引
起暴力衝突的主要根源。

　　杭廷頓在他的長文〈文明的衝突〉（The
Clash of Civilizations?）中，分析了產生文明
衝突的原因，概括起來包括：第一，文明被歷
史、語言、文化、傳統、更重要的是被宗教所
區隔，這些文明的差異比政治意識形態和社會
制度的差異更為久遠，也更加牢固。第二，民
族間的經濟文化互動日趨頻繁，一方面加強了
文明的融合，另一方面也導致了彼此差異的比
較，從而加深了族體內部的共通性，激勵了歷
史的矛盾和仇恨。第三，全球經濟現代化與社
會轉型的過程，一方面使得民族超越了長期以
來的本土認同，另一方面民族國家也不再是認
同的唯一來源，在世界的絕大多數地區，宗教
都以基本教義派的運動填塞這個真空。第四，

西方文化向世界各個角落的滲透，一方面使西
方處於權力高峰，文明意識在增長；另一方
面，非西方文化出現回歸根源的現象，導致了
西方化或本土化的激辯。第五，文化的特質與
差異越來越和民族經濟制度相融合，這種融合
的結果，較之政治意識形態更難以改變，也更
不容易妥協，種族和宗教也變得更加尖刻和排
他。第六，經濟區域主義日益抬頭，它一方面
加強了區域間文化融合的趨勢，促進了共同的
文明範式的認同感。另一方面，區域組織的形
式帶來新的市場競爭，文化和宗教逐步構成經
濟合作組織的基礎。

　　在人類進入二十世紀以來的近一百年間，
政治、經濟、軍事和意識形態的力量曾經給予
西方列強以至高無上的權力，這無疑強化了以
西方爲世界中心的文化霸權主義立場，同時，
由於這些制度在全球的擴張，也造成了那些弱
小的、依賴傳統文明而生存的衆多發展中國家
的文化民族主義立場。這樣，在各國的政治發
展中，民族主義情緒的再度興起，將會不斷激

勵那些與地緣衝突有關的事態，為世界帶來戰
爭的陰影。

　　如果說，文化民族主義曾不斷使族群割據
成為地緣衝突的根源的話，那麼，在東西方文
化相互融合又相互對峙的局面下，種族和宗教
引起的文化衝突正在取代原有的意識形態的對
抗，成為新的衝突根源。當冷戰時期的地緣政
治衝突迫使舊的意識形態瓦解之後，無論是西
方的、東歐的、儒家的、伊斯蘭的，或者緣於
某個族群的價值系統，都會利用這個間隙，來
建立自己的影響。

二、跨區域文化與後殖民主義
　　心態

　　以工業革命和理性精神為象徵的西方文
明，在全世界凡有人居住的地方都形成了一個
網，所有的文明都被它涵蓋或籠罩，如果設法
走出這個陷阱，重新尋找控制自然環境或人的
環境的能力，便只能創生一個新的文明。但是，

支配宇宙的共同法則越來越突出，人類文化的
自我生成意識卻越來越黯淡。出於種族的或政
治的動機，民族主義對殖民主義的反抗，實際
是人類怎樣繼續生存的問題，而西方世界的優
勢就在於它能夠利用工具和價值，把世界變成
一個不可分割的整體，一個超國家秩序。

　　在文化交流作為貿易和殖民的副產品的時
代，經過傳播者的文化輸入造成了「跨區域文
化」的概念，它編造一些奇妙故事，諸如「理
想主義」、「文化的使命」、「獻身於人權和民
主」等等，向全世界擴張，建立起商業、軍事
和文化的帝國。但是，隨著時代推移和國家觀
念的增強，跨區域的觀念也成為新興國家的族
際關係的象徵，因為經濟開放和文化交流的擴
大，使東方文化也在慢慢擴展自己的輻射範
圍，並助長了本土與外來相對抗的文化觀。

　　西方對非西方國家的霸權最早採取領土侵
略和大量移民方式，此為殖民主義；二次大戰
後民族獨立運動興起，西方轉用政治控制與經
濟剝削相結合，此時為新殖民主義；七十年代

以來，西方進入後工業時期，對市場的需要超過對原料的需要，非西方國家則嚴重分化，有的在經濟能力上趕上西方，有的在富裕程度上超過西方，因而西方對非西方的控制是以其文化優勢爲主要手段，以西方價值作爲突破，此時稱爲後殖民主義（post-colonialism）。後殖民主義與東方主義有著一脈相承的關係，因爲前殖民地社會的語言、價值、符號、倫理標準都是以西方文明作爲模仿的文化景觀，它很難建立起反對西方價值的語言霸權。後殖民主義實際是將西方的現實社會問題與本土的現實社會問題聯繫起來，尋找一種解脫的辦法，然而，這種心態是將本土社會的罪惡和墮落歸結爲西方價值的影響，難免有些印象化的色彩。

　　文化民族主義具有重振民族自信心的強烈情感，但是，只能在跨區域文化的氛圍中，從本土的傳統中發掘那些與西方文化價值相類似的內容，以證明自身文化的連續性和普世性，這樣，就不知不覺地又掉入文化中心主義的泥淖，成爲後殖民主義的象徵體系。因爲文化民

族主義一旦以人類價值和全球利益作為建立文
化權力的基礎以後，雖然可以將現代化過程轉
換成可資利用的文化再生產，但在同時又砍去
了自身賴以存在的本土價值這個根柢，而那些
制度、風俗、神秘風光、東方式美感等等，就
成了向西方兜售的表現民族個性的特殊商品。
本土文化雖然在後殖民主義那裡被不斷更新和
再生，卻又不斷受到外來新思潮的限制和挑
戰，而文化背景的差異，像社會組織、階級、
宗教這些因素，又會使第三世界的文化民族主
義產生多元歧義（polysemy），使支配性的話
語又演生出被顛覆、被分化的敵對的意義出
來。

　　二次大戰後，世界形勢發生了根本性變
化，民族主義不斷強大，赤裸裸的殖民統治難
以長期維持，西方在被迫進行殖民撤退時，想
方設法把舊的殖民體系轉化成新殖民主義體
系，以繼續保持已獲獨立的國家對西方的依附
性。而美國則憑藉其各種實力，即軍事、科技、
經濟和文化優勢的產生的權力，以及自恃體現

普遍價值標準的理想精神和生活方式，來控制
更多的土地、人口和資源，建立全球霸權。美
國除在國際事務中施加它的經濟、政治和軍事
影響之外，還通過它的大眾文化鞏固其霸主地
位，諸如搖滾樂、霹靂舞、快餐可樂、流行時
裝、電影、錄影帶、MTV等等，在全球範圍遍
地開花，其勢洶湧而無法抗阻。

　　後殖民主義文化在非西方國家的泛起，成
為一種普遍的現象。這樣一個無方向、無深度、
無責任感的時代大潮，像是人們都捲入了奢華
而媚俗的狂歡節，勢必對民族主義發育帶來不
良後果。後殖民主義的現世享樂的心態，則越
來越把注意力集中到塵世生活的中心地位，努
力提高人的消費欲望，卻貶低人的精神選擇。
而美國的霸道與富足，引起第三世界國家既羨
慕又憎恨的心理，所以強調民族的差異性，強
調文化的特殊性，以反抗西方文化霸權和白人
神話，這似乎成為反思「現代性」的一種必然
選擇。然而，語言卻是最大的難題，當人們不
得不使用英語作為交流的共同工具時，這等於

已經確認了西方語言的文化霸權，這不僅影響
一個民族應用語言工具的能力，還影響到這個
民族的思維方式和生活習慣。

　　第三世界跨區域文化的出現，是將一種文
化模式或族群自身特徵按地區歸結在一起，形
成一種區域性的影響，它代表的是一個地區性
群體的文化融合過程，而不是一種自然性群體
的擴張行為。這種跨區域文化瀰漫的結果，是
在種族、宗教、語言、文化相似的國家之間相
互影響，相互滲透，為回復本土價值、本土政
治、本土經濟、以及宗教上的基本教義派，提
供了合作的基礎。這樣，中國的知識分子也很
快被後殖民主義文化所濡染，開始模仿這種思
維方式和生活習慣，所以，後現代主義的消費
文化與歷史記憶中的縱慾心態相互滲透，既能
滿足大眾對物質的直接要求及精神的低層次享
受，又能將大眾的基本權利悄悄轉移到權威政
治所能統馭的範圍，文化幾乎同樣地被抹上江
湖氣和脂粉氣。

　　然而，後殖民主義在一種特定的環境中，

也能與民族主義力量結合在一起，形成一種變異，與西方直接交鋒或衝突，但這種複雜情感也隨著現代化進程和文化交流的深切，逐漸成爲邊緣性話語。後殖民主義心態將民族訴求寄託於二種話語：一種是大衆話語，一種是官方話語。可是，被政治制度、社會環境和低劣文化素質所限制的大衆話語，並沒有充分表達情感的空間，它所呈現的微弱的民族主義意識只能自生自滅。而作爲官方話語的選擇，對西方文明的回應也是充滿矛盾的，要麼採取隔離路線，把本土社會從西方的滲透中分隔出來；要麼嘗試加入西方並接納其價值與制度，融入西方文明；要麼通過現代化途徑發展軍事和經濟，並與其他非西方社會一起對抗西方。

後殖民主義作爲一種文化現象，其實並沒有構造理性民族主義的材料，而只是由共同文化、宗教、語言產生的一種歸屬感，它的基本精神都是作爲對失落了的農業烏托邦的流連，占據中心的仍是一個僵化的正統模式，所以它並不包括那些對民族國家發展具有重要意義的

情感和要求。因為民族主義不單只為人民對他
們的民族國家的忠誠提供基礎,而且奠定了其
領袖的地位,並因此規限他們的行為。在第三
世界國家中,民族主義領袖可以透過歷史優秀
遺產與西方文明的結合來表達他們的理想,並
使政治權力自然地過渡到那些具有現代知識和
技術的人手中,像印度的甘地、印度尼西亞的
蘇卡諾等等。然而,這些掙脫殖民統治的國家
大都未能真正把傳統文化與新的民族發展目標
結合起來,在碰到困難以後,往往產生民族主
義崩潰、而後殖民主義和東方主義盛行的結
果。

　　持後殖民主義心態的政治精英,雖然不會
放棄對國家、民族以及人類命運的終極關懷,
但是,這種民族文化的自我指認,包含著對西
方文化霸權的無奈與抗爭,它既要避免特殊主
義的窘境,又要避開西方中心主義的圈套,因
而只能持一種機會主義式的工具立場。第三世
界在培育自己的民族主義情感時,面臨的最大
問題是:(1)利益主體模糊;(2)公共權力異化;

(3)政治多元危機。這樣，不論左翼還是右翼，
為了實現政治上的權力再分配，都會頻繁地使
用民族主義資源。由於不能充分洞悉傳統與現
代社會結合時產生的各種問題，無法創造一種
有啟發性的民族主義架構，對內部存在的色
情、恐怖、毒品泛濫、黑社會猖獗這類社會公
害也無能為力，這使得一些取得經濟成就的發
展中國家又重新出現動盪和危機。

　　中國的知識分子一直在構想中國文化能在
二十一世紀領導世界文明，這一超級的文化想
像所隱含的動機，與其說是對西方文化霸權的
超越，不如說是一種過分的自相矛盾的民族主
義訴求，因為在後殖民主義心態的激勵下，中
西文化的比較，是來自對中國古代文明的認同
基礎，因而總是以此預設和論證自身的文化優
越於西方，殊不知世界文明是以社會富足和普
遍理性為前提的。在十八世紀以前，西方人眼
中的中國文化，的確可以說是最優秀和最豐富
的，但科技、思想和工業革命帶來的發展，使
西方人的自信心大大提高，並形成了在精神上

征服世界的目標。這裡其實沒有什麼秘密，而是他們順應了歷史發展的潮流，與人類文明進步的方向不相左。像西方文化中的主流，包括民主、人權、法治、自由創造、思想解放、社群和諧、高質量的生活內容、有約束的市場體系，以及民族關係中的和平與寬容等等，確實是體現了全人類的共同願望。難道中國知識分子想像的領導世界文化潮流，就是要把這一切再顛倒過來，或是杜撰一種更高級的文明？顯然，這種後殖民主義神話是不攻自破的。

　　在追求普遍價值和固守特殊價值之間不斷搖擺，是文化民族主義的特別表達方式，因而，它在強調民族文化的普世性時，卻往往無視世界普遍文明的存在，在強調自己道路的特殊性時，又往往否定其他社會形態的合理性存在。其實，在當代文化既融合又衝突的背景下，探索中國人集體歸屬感是必要的，從歷史文化和種族因素出發，來分清內群體與外群體也是必要的，然而後殖民主義心態卻把文化的集體符號及理想都變成一種對既存制度、風俗、傳統

的盲目忠誠，寶貴的民族情感也一直作爲抵禦
西方文明的盾牌，無法正確理解人類文化的同
一性，也無法正確對待傳統與現代社會結合時
出現的各種挑戰。這種文化民族主義的訴求，
一方面是進入現代性的自我定位，把「前現代
性」及文化強加於全球性的文明秩序中，盡量
使其界限模糊，以便有存在的依據；另一方
面，是實施傳統性的具象化，將無關緊要的民
族風土人情之類作爲文化景觀頻頻展示，從而
使文化本質模糊化，作爲擺脫普遍價值的策
略，以便隨時從世界文明的體系中撤退。

　　近幾年亞洲陸續出現了「說不」系列的書，
這似乎在表明一種對西方文化持激烈批評的態
度，像《日本可以說不》、《亞洲可以說不》、《中
國可以說不》等等，就是從政治、思想、宗教
社會、價值觀念等許多方面，對美國的文化霸
權提出質疑。如《亞洲可以說不》一書的作者，
便尖銳地抨擊美國，認爲「美國社會以個人爲
中心，個人欲望的滿足成爲最大的唯一目的，
所以在這樣的社會中，不尊重家庭、婚姻以及

對老人、風俗、習慣、傳統等尊敬意識的消失，
便是必然的結果，而這種追求物欲和一時快樂
的享樂主義，將會導致民族的衰退」。作者在反
譏美國時，不忘記對泡沫經濟破滅後的亞洲文
化進行辯解，闡明東方文化特質與西方文化對
立的必然性。儘管這是來自一種地緣政治的保
守心態，但從中可以透視文化民族主義的強烈
反彈。

　　一個民族在追求人類共同價值的過程中，
也絕不是要以抹殺本民族特點、損害本民族利
益為代價。但是，突出文化異質性到極端的程
度，甚至形成一種凡是西方觀念都是罪惡之源
的偏執心態，只能是一種狂熱的民族主義；而
只講虛泛的人類共同價值，不顧民族的切身利
益，不去改革自己文化制度中的弊端，也是一
種空幻的民族主義。未來世界的秩序，仍然擺
脫不了強權政治的影響，而民族對抗和種族關
係緊張將會持續下去。要消除這一切，顯然需
要一個文化自我審視和重新估價的過程，所以
既不能有文化悲觀主義，也不可搞文化沙文主

義，而當今世界出現的跨區域文化的環境，表
明人際之間、族際之間的交往仍在繼續擴大，
這個歷史性的趨勢，將有助於不同民族走向進
一步的和諧與和解。

三、後冷戰格局與新西方中心
　　意識

　　共產主義出現於歐洲資本原始積累時期，
它本來是作為對資本主義社會分配不公的批判
理論而逐漸被人們接受的，自由主義的知識分
子曾拿來作為爭取各種權利的道德憑藉，民粹
主義的領導人也把它視為建立新型政治國家的
理論依據。當共產主義超出了歐洲發達工業國
家之後，便迅速成為一種強大的反壓迫的武
器，凡是世界上有貧窮和不公的地方都可以找
到它的蹤跡。共產主義在歐洲徘徊了一個多世
紀，對資本主義社會健全民主制度和福利制度
無疑起了促動的作用。但是，共產主義意識形
態在東方的存在，關鍵不在於這種思想理論能

否征服西方世界，而在於它作爲現實政治和社
會制度的分界線，長期處於東西方對峙的中心
地位。

　　冷戰製造了一種神話，即全能地掌控國家
的一切運作，因而對於東西方世界來說，各國
都把注意力放在權力鬥爭、政治結構和國家經
濟實力這些「民族性」概念的基礎上，並把它
視爲征服的先決條件。它要求超驗的文化同質
性和同一性，重建道德和價值的約束，以形成
各自的意識形態壁壘。在這裡，人們沒有時機
去評判共產主義與資本主義的文化差異，而是
熱衷於各自制度的鞏固以及戰爭實力的擴充。
當東西方兩大集團爲了應付未來戰爭而耗盡大
量財富時，以蘇聯爲首的陣營首先支撐不下去
了，緊接著便是蘇聯體系的瓦解，以及自由化
運動的興起。

　　某一種政治經濟制度的消亡，不一定意味
著它所依賴和促生的文化要隨之消亡，因爲民
族文化正是在不斷變遷、不斷創新的歷史演變
中被豐富的。蘇聯解體後，俄羅斯人民首先懷

念的是它的民族英雄彼得大帝，卻排斥了一代導師列寧，象徵古老俄羅斯精神的白藍紅三色國旗也取代了鐮刀斧頭的紅旗。在一系列劇變背後隱藏著的一種正在悄然復活的意識和願望，使舊的社會語境（social context）漸漸被新的文化語境（context of culture）取代，正像那些紛紛易名的東歐社會黨一樣，都在試圖使用一種新的包裝。在前蘇聯體系中，傳統文化意識的復活是顯而易見的，如蒙古國從政治上脫離了前宗主國之後，它透過歷史模仿和尋根運動，放棄了斯拉夫化的前蒙古文字，而採用能推溯到蒙古英雄時代的胡圖木蒙古文，這種對民族文化因素的重新組合，使成吉思汗再次成為民族國家的動員和團結象徵。

隨著前蘇聯集團對文化傳統的重新塑造，作為國家政治合法性的意識形態正在遭受無情地侵蝕，可以預見的是，民族主義將會填補信仰危機與社會神話破產所造成的思想空白，這是後共產主義時代面臨的一種冷峻的選擇。在西方自由主義意識形態似乎占了上風的情況

下，後共產主義和後馬克思主義克服了左派理論家的悲觀和幻想，增加了用經濟民族主義來解釋系統並賦於活動的能力，這爲新左派參與政治干預和社會改革提供了新的機遇。而強調個人價值的特殊性與普遍主義的烏托邦精神之間的和諧，成了東歐後馬克斯主義的流行觀念。

　　在西歐人看來，俄羅斯一直屬於亞洲，屬於東方，因此在冷戰時代，意識形態對抗與民族文化差異交纏在一起，一方是集權主義意識形態、東正教和斯拉夫語的特徵；一方是自由主義意識形態、天主教和拉丁語爲特徵，使東西歐在政治制度和文化觀念上被割裂成爲兩塊。到了後共產主義時代，當文化的絨幕取代了意識形態和社會制度的鐵幕之後，歷史上的東西方分界線又成爲歐洲最重要的區隔文化與文明的分界線，而「華約」解體及「北約」東擴帶來的民族主義反彈，正在成爲下一輪東西歐對抗的焦點。這條分界線沿著今日芬蘭以及波羅的海諸國與俄羅斯邊境延伸，而貫穿白俄

羅斯與烏克蘭境內，將以天主教為主的烏克蘭
西部與以東正教為主的烏克蘭東部分開，向西
轉移把特蘭西瓦尼亞從整個羅馬尼亞分隔出
來，然後沿著現今克羅地亞、斯洛伐尼亞與前
南斯拉夫其他地方的分界線一直伸到巴爾幹半
島的南端。這是歷史上常常發生危機及流血的
爆發點，世界的穩定與安全，在很大程度上取
決於這條線的雙方能否和平相處，避免大規模
的衝突爆發。

　　俄羅斯的發展方向似乎已經變得明朗，不
管葉爾欽總統是否還在台上，他所開闢的西方
化道路仍舊會繼續下去。當年本不情願西方化
的俄羅斯是由於抗衡西方意識形態而選擇列寧
的道路，如今這場抵制西方運動的潰解卻成了
俄羅斯堅定地邁向現代化的強勁動力。但是，
當俄國的民族的共產主義又從一種全人類理想
範式的地位，降低到僅僅是一種地區性民族主
義的水平時，曾經困擾它自己的那種特殊優越
感又會迅速膨脹起來，從文化差異的背後重新
與西歐對抗。俄羅斯不甘心一個昔日超級軍事

帝國的沒落，更不甘心由於北約東擴而帶來的
文化、宗教、種族等一系列問題引發的困擾，
因此，在俄羅斯的未來演變中，大俄羅斯主義
和泛斯拉夫主義又會迅速抬頭，並影響未來的
世界政治格局。

　　以久加諾夫為代表的後共產主義時代的某
些政治理念，除了在輿論上號召重建前蘇聯體
制之外，真正發揮影響的是他的強烈的民族主
義情緒，他的政治魅力在很大程度上歸功於他
能迎合大眾的口味和要求。久加諾夫認為俄國
太窮、太虛弱，不可能在不遠的將來執行共產
主義的計畫，但是，拋開那些象徵性的姿態，
他號召恢復一個強大的、專制的俄國。或許由
於歷史和意識形態的負荷過於沉重，他要把專
制主義、民族主義、復興主義和干涉主義同時
付諸實現，而北約東擴將成為一個極好的藉
口。這是俄羅斯新興的政治力量及保守力量都
力圖保持的一張王牌，隨時用來煽動和支配民
族情緒，以便從對抗的格局中撈取政治資本。

　　隨著蘇聯帝國的瓦解，以及隨後對伊拉克

的軍事打擊，美國因而產生一種「打遍天下無敵手」的優越感，甚至又開始把自己打扮成向全世界傳播文明，指導其他落後民族走向進步的使者。喬姆斯基（Noam Chomsky）對此分析認為，美國的對外動武，其實也有意識形態對抗的因素，因為美國的戰略是假設世界各國都渴望「美國式民主」，因而，無論韓戰、越戰、波斯灣戰爭，都是在捍衛「民主和人權」的秩序。不可否認，自由主義曾經把人類從專制皇權的桎梏下解放出來，在本世紀，自由主義先打敗法西斯主義，然後又逼退蘇聯共產主義，並使之紛紛瓦解，但是，自由主義所代表的「現代性」，絕不是一種超越歷史和文化限制的絕對真理，也絕不是一種在意識形態之外的純潔的烏托邦，而是深深地捲入了全球性的權力角逐之中，隱藏在後冷戰時代的霸權主義的陰影之下。

　　霸權是一種實力和權力的極度擴張，國際霸權則是一個國家憑藉強大的軍事和經濟實力，在很大程度上制約和影響其他國家或民族

實體的國際政治行為，歷史上，「羅馬霸權」、「不列顛霸權」、「拿破崙霸權」等都是範例。霸權又是國際體系中的權威結構，當這個權威結構清晰而不受任何挑戰時，是相對和平穩定時期；相反，如果權威等級結構表現出弱化和模糊跡象，衝突和爭鬥就會隨之而來。杭廷頓從維護美國霸權和利益出發，又提出新的主張：「根據過去的經驗，一個民主和人權占主導地位的世界很可能是一個相對免除國際暴力的工具，特別是蘇聯和中國變成民主國家以後，重大的國際戰爭的可能性就可能被極大地降低」。他的邏輯在於，從人類的文明史看，對人類普遍價值的認同越高，文明間的衝突就越少，換言之，文明間的衝突取決於各種文明對和平、公正、道義、寬容等普世性價值的認同程度，認同的程度越高，衝突越少。因此，衝突的根源仍是一個文化問題，即宗教道德的認同或意識形態認同的問題。

由於世界繼續朝向多極化的方向演變，帶來一系列新的國際關係問題，文化上的「歐洲中

心主義」或「西方中心主義」已經成為眾矢之
的。杭廷頓雖然將當代的文化困擾進一步凸現
在世人眼前，並提出自己的救世方略，但在他
的充滿霸權主義和後冷戰氣息的論說中，人們
看到了以人類文明和普遍價值自居的「西方中
心論」的動搖，因為時代的發展和世界多元格局
的出現，迫使西方開始認真地面對其他不同類
型文化的存在，並考慮西方如何重建文明優
勢，這是新西方中心主義 (neo-westerncen-
trism) 產生的重要背景。針對杭廷頓的「衝突
論」，很多人是用「融合論」來加以辯斥的，認
為文化衝突論的理論基礎，實際是反映了在多
元主義文化衝擊下的美國新孤立主義 (new
isolationism) 的抬頭，這與世界文化進一步融
合的趨勢是相悖的。有人提出，杭廷頓代表美
國提出「新西方中心主義」，要害是找敵人，「它
反映出美國在意識形態失去對手之後的空虛和
茫然，美國需要找敵人，以便增加對美國和對
西方國家的凝聚力，這仍是一種強勢的文化民
族主義在作祟。」

美國具有自己的政治哲學和國家哲學，對
於富有人情味的民主秩序來說極為重要，它信
奉兩種原則：一是所有個人作為社會和政府的
基礎的價值和尊嚴；二是因此產生的限制多數
派和國家的權力的必要性。美國成功地證明了
資本主義是迄今為止能夠使經濟迅速發展的巨
大力量，它以無情的效率創造財富，它的制度
也傾向實現把資本主義創造的一部分財富用於
社會目的的構想，並調整因競爭和自利帶來的
嚴重後果。但是，以工業效率和理性自決作為
支持的「西方中心主義」，在理念上已經失去它
的現實性，而多元文化、多元道德越來越被更
多的人所接受，因此，美國採取相對於「文化
中心主義」的立場，即文化多元主義來作為「新
西方中心意識」的主要架構。

文化多元主義更接近於人類文化發展的歷
史事實，同時也有助於描繪當代文化演進的現
實和未來趨向。文化多元主義看起來是一種多
中心、無等級差別的觀念，所以，共同文化
(common　culture)和共同價值(common

value)的概念極易被人接受，它可以避開意識形態、政治制度和社會特徵等因素來考慮人類文明和前景，遂成為「新西方中心主義」的理論核心。美國歷史學之父班克羅夫特說：「我們的國家既是所有國家的人口接受者，同時也是他們思想的接受者，若是消滅了世界上任何一個主要國家的歷史，我們的命運就會發生改變，因此，我們的國家更多地體現了人類的統一性」。(布爾斯廷：《美國人：建國的歷史》，上海譯文出版社，1989年) 這似乎是在表明美國是以共同文化和共同價值作為霸權的依據。

　　美國的文化霸權是在全球範圍內推行它的價值、人權、理想，重建對世界的支配及安全體系。將美國的各項制度推廣到世界各國，以美國理想精神塑造全人類，這是「新西方中心主義」的基調，因此，它不僅把對發展中國家的援助與「政治自由化」、「文化多元化」聯繫起來，而且把中國作為後共產主義時代的主要對手，加以遏制和打擊。杭廷頓提出，西方將繼續支持與西方價值和利益相投的其他文化族

群，並把在文化和宗教上與西方接近的東歐和拉丁美洲社會融入西方，避免區域性文明的衝突逐步升級爲異質文明之間的主要戰爭，從而集中應付西方與幾個伊斯蘭（回教）——儒教國家之間的衝突。

在後冷戰時代，美國先是將回教基本教義派、俄羅斯民族主義的復活以及其他一些全球性危害如恐怖主義、毒品犯罪等問題，列爲對美國安全的主要威脅。同時，美國認爲，中國大陸作爲後共產主義時代的主要大國，必然成爲它在意識形態上的對手，所以意識形態問題仍是美國調整對華戰略的一個重要依據，這勢必在某種程度上強化文明衝突的危機。美國壓倒一切的一個戰略構想就是「不允許在歐洲、亞洲及前蘇聯地區再出現一個威脅美國主導權的超級大國」。這樣一來，美國將中國大陸的發展視爲一種潛在威脅，而中國大陸的成功可能對世界改變秩序有啓發性，它的國土面積、人口資源、經濟規模，以及潛在的軍事實力、政治影響等等，都刺激了美國的霸權心態和後冷

戰思維。

　　美國視中國大陸爲潛在對手和威脅，不僅是延續後冷戰格局的結果，同時也是文化緊逼政策的結果。它不僅要在台灣、西藏、人權及經貿關係上顯示美國力量的存在，還會在遏制民族主義意識形態方面，繼續發揮它的影響。喬姆斯基認爲，正如專制制度需要靠暴力使人們屈服一樣，民主制度也需要透過宣傳爲旣存秩序製造統治的共識，把人民對體制的效忠自然而然地建立於無形之中。西方花了七十多年的時間才推翻蘇聯；而蘇聯從冷戰退回到第三世界的地位，對東歐人民是一種災難，前統治集團的精英卻成了西方化的最大贏家和受益者。所以，美國堅持的「新西方中心主義」具有強烈的意識形態的攻擊性。

　　美國文化雖然有其特殊之處，但也絕不是一切文明的標準，或是人類理想的依歸，它旣不是世界文化的中心，也不是人類罪惡的根源。它的最大弊端是極端自利的個人主義，放縱本能而忽視人性的教育，充滿白人優越感的

妄自尊大，以及國際事務中的霸道作風。但是，要批判美國文化，卻又對美國社會沒有切身實地的瞭解，僅透過電影、書本、報紙、傳媒以及道聽塗說來認識美國制度自然是偏狹的，像近來流行的《中國可以說不》一類的暢銷讀物，就帶有一種強烈的情緒化色彩，它只能加深彼此的不信任和對立，爲文化衝突帶來隱患。最近，美國也出版了一本爭議很大的《即將到來的美中衝突》，也從政治、經濟和文化觀念的對立來加以演繹，公然鼓吹美中之間的衝突不可避免，這不能不引起人們的深思。

根據後冷戰時期的特點，意識形態和國家利益衝突仍占主要地位，它會與文化差異糾纏在一起，變得更加固執，也更難以改變。在東西方文明衝突問題上，藉文化衝突來擴大意識形態衝突是一種選擇；透過文化的對話來化解意識形態衝突又是一種選擇，而後一種選擇對保存各自文明的特殊性並推進全人類價值的普遍性都有利，各個文明也能帶著自己的個性匯入到人類價值得到普遍認同的主流文明中。

四、新世紀文明與民族特徵的消長

　　若從人類歷史的長期進程去檢視和觀察，文化中心主義只是近幾個世紀西方文明占據主導地位以後的產物，並不能說明人類文明發展的基本趨勢，至少在十八世紀以前，世界文化發展的格局並非如此，它基本是由基督教、儒家學說、回教、佛教、猶太教等各種文化在各自的獨立發展中，共同支撐了這個世界文明的進程，並保持了自身與其他不同文化之間相互發展的張力。

　　人類生活的時代，已不再具有明顯的確定性。對於支持人們信念的基本道德來說，如正義、尊嚴、良知、合理性等等，不僅西方與非西方有著不盡相同的理解，即使在族群文化內部，也存在一定的差異，所以，每一個人，甚至每一個民族，不僅應該對其他文化持一種相對肯定的立場，而且對自己的思想和文化也應

保持一種多元的立場。

　　現代化過程是政治經濟制度和社會文化秩
序的轉型或再發展過程，它表明：一是不會放
棄民族訴求，二是不會放棄公平訴求，這是二
個基本的趨勢。民族訴求代表了民族國家對共
同利益的追求，公平訴求體現了社會群體對基
本價值的取向，從這個角度而言，民族主義的
發展必須倚重政治經濟制度的改革，以及平
等、人權、民主這些理性價值的確立，否則，
就會陷入狹隘的集團利益和寡頭政治的控制之
下。既然共同利益和共同價值是民族的一個普
遍認識，那麼在強調文化多元主義的同時，必
須要認識人類文明的某些普遍性。這裡，有人
類基本的共同特徵，包括生理需求的一致性，
尋求安全與保障的共同企盼，保護生態、維護
環境的基本共識等等，還有價值目標的一致
性，包括對市場經濟和民主政治的體認，平等
權利和法律秩序的認同，社會公平與公正的追
求等等。顯然，這一切都反映了人類共同的本
質要求，即人類「類本質」的要求。

　　簡單地說，人類的類本質就是人類與其他
生物區別開來的本質，它是人類自身的根本規
定性，也是人之所以爲人的基本特質。雖然，
人的本質有時反映在男女飲食、繁衍種群、逸
居享樂上面，作爲生物屬性而存在的，但這僅
僅是把人看做是一個生命肌體，而不是一切社
會關係的總和。從文化上看，人類的類本質是
對文化和文明的最本質的把握，它能夠超越種
族、地域、審美的局限，拋開依據某種文化概
念所限定的思維、心理、行爲的習慣，而把人
類公認的一些共同性表現出來。體現人類類本
質的東西，其實就是一種共同的文明。而文明
的確認，並不僅僅是一種文化外在形態的延
續，如制度的沿革、宗敎的演變、風俗的更新
等等；在本質上，是人類的內在品質和價值要
求的不斷延續，因爲文明範式雖然是多樣性
的，但文化的共同精神是「以心傳心」的方式
世代相傳的。像制度、宗敎、藝術等等，這只
是文化的載體，或文化的材料，不是文化的根
本或本質。文化的本質是活躍在某個生命群體

中的內在特徵和價值要求，而不同生命群體的
精神特徵的凝聚擴大，又會構成文化的同質性
和同一性。這種文化的統一性也可以看成是人
類類本質的一種表徵。

　　一種文明可以僵化，可以沒落，但是作為
文化的本質，是不會總停留在原地不動的，它
要決定族群進步的方向，決定文明範式的命
運。就像與文化相一致的所有發明創造那樣，
科學總是站在人類進步這一邊：它把核彈給了
人類，將迫使人類不得不放棄大規模的戰爭；
它把醫藥防治的好處公平地給予了所有種族和
人群，又迫使社會去實現最低限度的生存平
等；它透過影視和電腦技術又把輕鬆舒適的生
活美景投射到世界的各個角落，激發人們對改
善生活質量和精神需求的嚮往。但有時，科學
又超越了人文精神的發育，它常常使物質進步
與文化變革拉開距離，使人們回到物欲享受的
原始狀態，放棄對精神價值的追求。這在一些
人看來，彷彿又是文明的回返，甚至為了各自
的眼前利益而爭鬥不止。

　　當人類即將進入二十一世紀的時候，許多
著名學者都在預測新世紀的文明，有人提出，
下一個世紀的歐洲將會被分裂成許多個獨立地
區，它們在形式上效忠一個權威，即虛設的共
同體，使用一種貨幣，奉行一種制度，彷彿一
個鬆散的充滿浪漫氣息的自由邦聯。但這些按
地緣劃分的組織構造，對宗教少數派別和少數
族群的日益強烈的敵視情緒卻束手無策，從而
將面對一個長期的混亂局面。在美國也有人提
出，用多元主義取代中心主義雖然符合傳統的
理想精神，但由於地域經濟文化的加強，擴大
了區域之間的對立，這就無法消除它們的民族
特徵的差異，也無法切斷他們的文化根源，雖
然人們能夠或多或少地改變他們的習俗服飾，
他們的政治觀念，他們的哲學方式，甚至重娶
他們的妻子，但無法改變他們的祖先意識，這
意味著美國也將面臨棘手的種族、宗教、文化
帶來的矛盾與衝突。

　　美國新左派代言人華勒斯坦（I. Waller-
stein）則對新世紀表示了最悲觀的看法，他認

爲，從世界性體系的歷史看，社會格局將以更
爲平衡的形式使動蕩時期的局面重現，即一個
分成細小主權體、高度自足地區和區域性等級
系統的世界，它來自不斷增加的壓力，即累積
的困境、政治合法性的困境和地緣文化論調的
困境。因爲種族、性別和地緣文化正好是與普
遍主義相反，它們都顯示人生來並沒有相同的
權利，而是按一定生物和文化等級排列的，人
類的特徵、權利和在分工中的地位因此要由這
個等級體系來決定。而政治合法性面臨的超負
荷的壓力，使制度無法達到長期的平衡，世界
將進入局部地區和全球性動亂，更缺乏規律，
也更難以控制。

　　羅伯特・賴克在《國家的作用》(*The Work
of Nations*) 一書中則認爲：「二十一世紀初，
冷戰的趨勢，仍難以逆轉，但是，它畢竟爲人
類文明提供了最明澈的希望。」他的根據是：
第一，二十世紀末科學與技術的迅猛發展，首
先導致了生產率大幅度提高，主要產業從機械
化進而發展到今天的自動化、電腦化和訊息

化，在許多行業中，一個工人的產出是世紀初的幾倍乃至幾十倍，這將極大地提高人類社會的財富總量，爲縮小民族之間的貧富差距提供了一種可能。第二，社會經濟政治的發展與變革，使得國家之間的開放程度空前提高，資金和技術、商品和勞務、人員和思想文化跨越世界的流動已達到難以阻擋的程度，這將極大地擴展不同民族國家的交往範圍，爲化解不同族群之間的隔膜提供了更多的機會。第三，人口爆炸已對當代社會造成巨大的困難和破壞，人類賴以生存的地球生態環境已經而且繼續受到破壞，這將促進人類社會更進一步的聯合起來，用人類的共同智慧和力量，來戰勝這些潛在的危險，進而加強不同民族、不同文化的更大範圍的融合。

應當承認，世界主義（cosmopolitanism）的全球一體化趨勢與傳統的民族主義發展模式幾乎是互爲消長的，前者的加強就意味著後者的削弱。無論是自由主義的理論家，還是共產主義的民族學說，都把民族的消亡看成是未來

社會的必然趨勢，這種趨勢會從思想、價值、
倫理、風貌、服飾、審美等各個方面模糊族群
之間的界限，縮小民族之間的差距。但是，西
方現在正處於非常的權力高峰，它支配了國際
的政治組織與安全體系，卻假借代表「世界整
體」（world community）願望的面目出現，這
對於其他發展中國家來說，由於西方諸國在文
化、傳統和社會制度結構上較爲接近，容易在
民族、國家和區域的範圍內找到利益的平衡，
可是這無疑會擴大她們與發展中國家族際之間
已經縮小了的差距和不平等，繼續保持世界的
分裂。

　　當人們展望新世紀文明的時候，僅僅反映
文化與文明的差殊是不夠的，探尋這個由不同
國度、不同族群組成的人類世界如何被各自的
合理性宗教、哲學以及道德深深分裂的問題，
其實最終要由人類自身的文明程度解決，而人
類本質的認同，即文明的普世化，畢竟會爲每
個民族指明一條出路。

第五章
文化民族主義對中國未
來發展的影響

　　自拿破侖以來，西方人一直在預言，一旦
中國龍醒來，全世界將為之震驚。

一、海峽兩岸的族體認同與制
##　　度差隔

　　在探討當前民族主義發展的深刻根源時，
一些人注意到，許多衝突發生在語言、文化和
種族相同的人群之間，像柬埔寨各派系的長期
混戰，朝鮮南北雙方的緊張對抗，台灣海峽兩
岸的分隔狀態等等。一般說來，這都屬於區域
性政治或集團政治鬥爭的範圍，但由於這種鬥

爭始終都有外國勢力的介入，因此影響和導致
衝突的原因十分複雜。雖然同一種族、同一文
化下的群體紛爭屢見不鮮，並存在著評判誰是
誰非的道德標準問題，但是，獨一無二的種族
歸屬感，與難以兼容的各種政治派系夢想自決
之間，很難找到一個共同的尺度。種族歸屬感
和滿足感對於每個地域集群來說都是客觀存在
的，然而，文化傳統和歷史記憶在很大程度上
鼓勵將這種歸屬感變成權力統一的象徵，而不
同的自決原則將成為無休止的地緣衝突的根
源，並帶來災難性的後果。

　　從根本上講，海峽兩岸都是同祖同宗，都
有著相同的文化、歷史、哲學、倫理、宗教、
風俗以及鄉土人情的血肉聯繫，即兩岸人民都
有一個共同的族緣意識和族體文化認同的觀
念。然而，歷史發展的過程卻造成了現實中的
各種差異，包括經濟、政治和社會制度的不同
選擇，所以，彼此都不能從現實主義的角度理
解各自文化社會的合理性，以及產生這些歷史
性差異的特殊背景。其實，如果從文化民族主

義的視角剖析兩岸關係的由來，而不是以意識
形態的傳統手法演繹其中的分裂原因，便可以
得知，這與民族主義的政治滿足感和自身安全
感的矛盾有直接關聯，因爲，在中國人民反對
帝國主義和殖民主義的長期鬥爭中，兩股民族
主義力量的相互消長，決定了今天這樣政治分
裂的格局。

　　春秋時期，建立在同一血緣的宗族基礎上
的「族類」觀念是非常強烈的，當時流行的「非
我族類，其心必異」的說法，就是以血緣和地
緣作爲認同的標準。在那時，華夏族與非華夏
族之間在生產方式和生活方式上的差異很大，
以至於像語言、宗教、風俗、禮儀、服飾等方
面的差別，都可以被視爲文化的異端。所以「內
諸夏而外夷狄」的「華夷之辨」，就是以文化和
道德作爲區分標準，從這一標準出發，中國人
衡量一個族類的行爲是否合乎「夏禮」，是民族
認同的最根本的原則，並由此衍生了敵友、族
群、區域、國家等等觀念。

　　歷史上，漢唐時期的華夏中心觀念是與國

家的武功強大相聯繫的，因此「尊王攘夷」作
為族體意識與忠君思想的深層契合，使華夏文
明得到進一步的傳播。無論張騫出使西域，開
闢絲綢之路，還是玄奘西出佛國，擴大宗教往
來，都反映了一種對外來文化的容忍和吸收。
那時流行的「和親」的做法，像昭君出塞，文
成公主和番，雖然有些悲涼的人情色彩，但並
不作為民族自卑的表現。一直到鴉片戰爭以
前，歷代統治者和絕大多數的儒家知識分子，
無不保持高度優越的自我感覺，把外部族群和
文化的融入視為「歸綏」、「歸化」，把外國與中
國的正常交往當做「朝貢」、「款服」，當這種天
朝心態受到西方殖民者的打擊時，傳統的民族
觀念就會極度膨脹，這不僅強化了古老的「華
夷之辨」、「體用之辨」的意識，也加深了中國
文化與西方文化之間的鴻溝，這種文化衝突有
時甚至比國家利益的直接損害更易於引起大眾
的衝動和強烈反應。

　　最初，中國人在看待西方文明方面，主要
是持一種「華夷之辨」、「體用之辨」的傳統心

態，確信中國是世界的中心，不相信西方人能
比中國人先進，理由是中國地大物博，資源豐
富，能夠滿足農業社會的一切需要，西方有的，
中國自然有，西方沒有的，中國也有。即使在
後來意識到西方人的器物先進，但又拒絕承認
西方的文化先進。這時，種族優越感和文化優
越感是中國人對待西方文明的普遍心態，西方
人在族類問題上是被當做蠻夷，並不足以與中
國人相比照的丑類，西方文化也被斥爲異端，
是動搖倫理制度和傳統美德的邪說。當西學漸
漸深入中國以後，西方的哲理精神被中國的知
識分子所認知，華夏中心主義才開始逐漸失
落，改變了以西洋爲中國文化教化對象的態
度。但在封建統治階級看來，西方的文化價值
是傾覆他們政權根基的最大危險，出於這種認
識，無論西方文化怎樣客觀，都要被擺在民族
衝突的最前端，使文化差異與政治制度衝突都
與民族問題攪在一起。

　　所謂「華夷」、「體用」的說法，是把中國
的文化看成是本質，因此，它應該受到保護，

不受任何形式的玷汙，這就等於把學習西方科
技局限在僵化正統的模式之中，從而只能接受
西方的物質和技術，但要拒絕西方的觀念和文
化。這使得中國民族主義從形式和內容上效法
西方近代民族國家的努力被套上枷鎖，它的思
想武器也一直是以傳統文化和道德做為基準。
它先是以「怪力亂神」式的義和團精神展開反
洋教鬥爭，以後又逐漸採取「文明排外」的抵
制洋貨鬥爭，雖然這一切都反映了中國人質樸
的民族情感，但在客觀上是加劇了中西文化的
對立，民族主義也只是停留在動員和影響民眾
情緒的低層面。所以，晚清以來的民族主義受
到極大的限制，它常常表現為排外主義的思
潮，其主導力量也是以農民為主力軍，成功的
也只是運用傳統意識運用得最好的人，而不是
外來的自由主義學說或共產主義學說。這表
明，受傳統意識和農業文明支配的文化民族主
義情結，不惟能夠左右中國的輿論，塑造國家
的命運，而且也將在深層次上決定民族國家的
形象和內涵。

　　二十世紀中國之所以具有文化民族主義強
大、而經濟民族主義相對薄弱的特徵，主要是
在政治道路選擇上屈服於農民意識的壓力。投
身於民族主義運動的，既有新型的知識分子和
中產階級，也有生活在小生產和鄉村經濟基礎
上的士紳和廣大農民，兩股力量都企圖努力挽
救民族的危亡，但前者要求工業化、城市化、
市場化，後者則要求維護農業文明的生產方
式、生活方式、倫理方式。由於士紳、農民和
手工業者是民族主義運動的中堅力量，所以民
族化常常演變成排外主義和反現代行為，這
樣，民族主義不僅偏離了學習西方工業文明的
發展軌道，而且也排斥了經濟建設在民族化中
的主導作用。當發源於內地農村的革命成功地
趕跑了西方人的勢力，毛澤東證明了農民才是
國家的真正希望，並致力於建立一個農業文明
的烏托邦。

　　在中國民族主義與帝國主義的對抗中，以
經濟開發和提升國家實力作為民族國家的基
礎，然後再以文化平等的觀念，對抗西方勢力，

即是孫中山的民族主義理念，但是，中國社會
的內憂外患的諸多危機，使國家發展的道路不
是沿著凝聚民族的目標，而是朝向民族分裂的
方向滑變，社會自相殘殺，民族卻遭塗炭。雖
然國共兩黨都把中國的不幸和苦難歸結於十九
世紀中葉以來的西方入侵，表達了反殖、反帝
的願望，但在中國這塊土地上如何實現民族富
強的理想，卻有著巨大的差異。在外國勢力干
涉中國政治的過程中，也促使中國民族主義出
現自我銷蝕的現象，抗日戰爭以後，國民黨實
行反蘇的民族主義，共產黨實行反美的民族主
義，這似乎是出於各自的政治理念不同，造成
中國民族主義運動的分裂和畸形發展。但是，
在客觀上，「以夷制夷」的實用主義傾向，又造
成了民族主義意識的隨機性，無法成為一種實
質性的力量，當美蘇兩個超級軍事強國爭奪世
界霸權的時候，國共兩黨也自然被拴在它們的
戰車上，長期貽誤了各自的發展時機。

　　在冷戰不斷升級的態勢下，台灣是以西方
文化為模仿的背景，大陸是以蘇俄學說作為效

法的模式，由此形成了政治和社會制度的差
異。但是，由於台灣在地理、人口、資源方面
的特點，傳統的負重較爲輕鬆，也易於發揮地
緣的優勢，所以在文化觀念上採取了與大陸截
然不同的對待西方文明的態度，結果是首先抛
棄「體用」之說的一方，率先進入了現代化的
行列，而中國大陸由於歷史的負荷過於沉重，
民生民力過於虛弱，所以無法根除「體用之辨」
的束縛，也不會引起社會的全面變革，俄國史
達林模式對中國社會造成的傷害，遠遠大於它
對中國建設方面的援助，中國也因此保留了更
多的深層次的傳統制度因素。

　　在海峽兩岸對峙的最初年代，有一點是明
確的，就是雙方都聲稱只有一個中國，而且都
想用自己的制度模式來達成統一的目標。但
是，隨著時間的流逝以及冷戰的結束，這種對
抗狀態發生了根本性的變化。台灣在實現晚工
業化的過程中，逐漸意識到西方制度的不足，
隨之而來的文化尋根和提昇本土價值，使民族
自信大大增強；而大陸自改革開放以來，也深

刻認識到蘇俄模式的弊端，對西方文化開始採取較爲開明的態度，這種民族主義意識的復歸，使兩岸產生了和解的願望。然而，台灣由於它的經濟現代化的成功以及隨後對民主政治的確認，開始有了在國際環境中求取獨立活動空間的動因；而大陸由於國家實力的增強和國際地位的上昇，也有了「兩地一府」或「一國兩制」的構想。這使得長期對峙造成的隔膜很難一下子冰銷雪釋，而分殊與和解，紛爭與困惑，懷疑與對立，又造成彼此的分歧和不信任。

　　兩岸關係在現代中國的發展過程中，具有舉足輕重的影響，從而深入雙方的社會生活和文化心理結構中。從歷史的方面考慮，兩岸對立誠然是國共兩黨在大陸政治鬥爭的延續，然而，這種意識形態對抗的色彩已經變得黯淡，取而代之的是實質性的區域利益和國家利益的歸屬。所以，現在兩岸經濟文化交流的擴大，使彼此有了進一步瞭解和理知的機會，如何擺脫傳統與歷史重負的桎梏，把民族的目光移向世界，移向一個她曾經爭取參與和設計的新國

際秩序，正是中國民族主義朝著健康和理性方
向發展的最好時機。

二、「大陸意識」與「台灣意識」
　　的對立

　　中國作為歷史性的文化大國，地域遼闊，
族群眾多，雖然文化認同與族體認同未必完全
一致，但古老文明中的多神信仰和多元道德，
曾導致了中央王朝對周邊族群文化異質性的較
大包容。由於自然環境、生態條件、經濟生計
以及族群分佈模式等因素的制約，使主體社會
的同質性一向來自華夏中心意識的不斷積累，
所以，宗教習慣、地緣鄉情、詩歌語言、衣冠
服飾、日常行為等等，都被倫理化、政治化了，
這是傳統民族主義的結構性特徵。

　　從秦漢時期開始，中央王朝拓土開疆，形
成了較為穩定的統治區域。其間，統治者對於
華夏族之外的其他族群文化，一般採用「恩威
並濟」的政策，弱者改土歸流，強者羈縻籠絡，

連異族皇帝乾隆也懂得「修一廟勝用十萬兵」
的道理。而大漢族主義的天朝心態則是將其他
的少數族群都說成是「同一血統的大小宗支」，
並從語言、風俗、信仰、倫理等方面剔除族群
文化特徵。梁啓超曾就此提出，自中國人有文
化以來，從來就以國家為人類最高團體，它的
政治範疇是以「天下」為概念，代表了一個龐
大民族的視野。這裡，「天下」所代表的與其說
是一個更大的社會實體，不如說是一套更具根
本意義的秩序和價值，而對這套文化價值觀的
強調，導致了中國文化中「身」、「家」、「國」
對階級、種族、區域等概念的超越，所以中國
古代國家與社會的關係，同西歐的羅馬帝國或
中世紀歐洲的封建國家不同。

　　歷史上帝國破裂，演變成眾多民族國家的
事例不鮮，甚至還有一些蛻變模式，像民族衝
突引發的區域自治等等。在中國的混亂時期，
人們對統一的希冀不僅限於塵世生活的範圍，
而且也深深嵌入倫理生活的價值傳承中。對中
國人來說，所謂的「一」字，不僅僅是統一、

合一、齊一的概念。也是一律、一體、一國的
概念，具有強烈的道德歸屬感。這些體現中國
文化精神的「一統」意識，同樣表現在政治理
論和儒、釋、道哲學的理念之中，所以，「天下
歸一」的心理渴望要比政治統一的要求來得更
加深沉、殷切和不可逆轉。在中國文明的過程
中，政治的一元化與宗教的一神論雖然並沒有
直接的聯繫，但往往是在同時出現了相左的偶
像之後才犧牲了它們的統一，而寄生空隙的區
域性政治的出現，也一直是中央王朝的心腹之
患。

　　著名的女政論家華德(B.Ward)在三十多
年前就大膽預測蘇聯將會因國內的民族問題而
瓦解，但同時卻認為：「中國本質上畢竟是一
個遼闊而統一的國家」，理由是中國歷史悠久，
廣土眾民，族群之間的文化相互滲透，區域之
間形成必然的聯繫，這是建立統一民族國家的
基礎。由於漢文化的同質性一向較高，具有形
成統一的民族市場和民族經濟的條件，而政治
權力的維繫又使國家體制與從屬地區保持了長

期統一的格局。雖然由於外部壓力或中央權力衰退，會造成地方自治、軍閥割據、諸侯分裂等一系列脫離運動，但是過了不久，又會有一個強大的政權崛起，並重複統一的過程。

　　白魯恂稱中國是「一個以國家自居的文明」，其實，中國本來很早就超過了單一民族的界限，在民族意識上排除了種族、血緣、地域、宗教的差異，用文化主義立場來看待世界。在歷史上，這種民族觀無疑具有積極的意義，因為即使其他族群不接受漢族文化，以漢族為中心的中央王朝也允許它們存在，包括居住在自己的疆域中按自己的民族樣式發展。漢族在吸收異族人口的同時，異族文化也極大地豐富了華夏文明，在這一點上，中國文化也是一種多元文化，它容忍了各種不同的習俗、民間宗教、生活倫理、地方文化等等，形成了中華民族的豐富多彩的特徵。

　　在長期的權力實踐中，由於文化的滋潤，儒家的民族價值觀將中國社會看成是倫理本位的社會，又將周邊的世界看成是倫理教化的目

標。所以，在中國國力強大時，華夏文明的輻射使天朝意識得到充分的表現，它可以超越不同文化的差異，向世界開放，不僅熱衷天道的遠播，也承認普遍價值的存在，在對付內部的疏離傾向時，也一向採取不妥協態度和最強硬手段。但在中國國勢積弱，華夏文明尚不能懾服周邊世界時，則變得極端封閉，極端排外，朝廷不僅沒有能力炫耀文治武功，而且為了維護內部的倫理秩序，不得不閉關自守，依靠國家暴力的維繫。這時，受到壓抑的天朝心態又會演變成文化保守主義精神，使「保三教、護綱常」的政治倫理與「保社稷、護農桑」的鄉土倫理密切結合在一起，形成以維護國土完整為目標的民族動員力量。

顯然，上述提到的這些歷史上的「中國情結」(Middle Kingdom Complex)，是傳統的民族主義情感與政治權力實踐緊密相關的理想、渴望、訴求以及價值符號等文化系統的概括。所以，受「中國情結」的文化主宰性限定，民間風俗、藝術表現、生活旨趣、鄉土民情等

等，都會將一種族群精神進一步演變成親族意識。在這裡，兩岸人民有共同的語言、文化、道德、習俗、傳統信仰，以及共同的或相近的思維方式和價值觀念，也就是說，他們有共同的文化心理結構，這是比政治制度更深層的東西，而文化上的認同感，在客觀上勢必成為主權歸屬意識的基礎。

由「中國情結」演變成的「大陸意識」(Mainland Conscionsness)，就是包括了親族意識、地緣意識、文化中心意識、歷史沿革意識、權力實踐意識和國家統一意識的諸多內容。「大陸意識」的內在含義在於，它的民族性構成中含有大量的普世化價值的符號，像鄉土、祖先、族源地等等，雖然對於久居外島的人來說，已經久遠，但具有種族倫理的滿足感和撫慰感。正是這些普世性的原則，統一才有了道德的普遍意義。「大陸意識」中不乏特殊主義的因素，並保留了難以認同的異質性，所以文化民族主義要求的內部齊一化的最高理念，與容忍制度差別或政治自決是矛盾的。從這一過程推斷，

「大陸意識」最終是作爲一種政治理念，對這種理念的確認，只有在承認另一種差別的前提下才能成立。

　　「台灣意識」(Taiwan Conscionsness)則是以區域主義特徵爲內涵，表現爲「住民意識」、「鄉土意識」、「省籍意識」、「命運共同體意識」、「住民自決意識」和「台獨意識」的相互交纏，其深層是台灣經濟政治成功產生的自足與尋求國際活動空間的困窘之間呈現的矛盾心態。貫穿各種複雜心理因素的主線始終是區域自決，但是強調地緣整體的實質性的社會理論(theory of society)或許並不能滿足人們對個人與國家關係的解釋。把強調地緣的特殊性作爲政治實體的文化合理性，是「台灣意識」的支配性架構，它的具體理路可以概括爲：(1)本土歷史和現實需受到尊重；(2)本土的安全和發展需受到保障；(3)本土需要國際性生存空間。這樣，用「國家民主和平統一」作爲包裝的地區性民族主義情緒，因此有了群體心理層面的涵蓋力量。

　　站在中共的立場看，在「台灣意識」中，
以「民主」作為統一的前提，只是一種時間性
的拖延戰略而已。因為種族歸屬導致的主權歸
屬是超越制度的根本性問題，也是民族主義的
核心建構，從中國歷史發展的演變看，無論是
過去的君主制帝國，還是後來的共和制民族國
家，不管它們採取何種政治文化制度，也都會
採取同樣的方式，實現一統的目標；然而，從
台灣本身的角度看，尤其是台獨派的立場，台
灣的歷史雖短，但多年來已發展出自己獨有的
不同於中國大陸的文化風格。同是華裔統治的
國家──新加坡，即能自成一國，這也給傳統
的「一統」文化論調者，提供了一種「另類」
的反思佳例。實際上，在主宰性的本島意識中，
已經開始出現一種「我們」或「他們」的利益
界分意識，似乎是嫌大陸太窮，太落後，沒有
資格分享現代化的成果。從某種意義講，文化
選擇、地域關係、族體利益分配的差別，並非
是人類分裂的實質性因素，而歷史過程也容忍
了這些差別。所以，兩岸人民是否有能力消除

因制度差隔或意識形態分殊造成的不信任，只能依靠加深各種管道的溝通來解決。

人們依稀記得，在冷戰的高峰時代，台島方面曾把「光復大陸」做爲民族主義訴求，不僅本土處於一片白色恐怖，而且也影響到大陸的政治氣候，從外部毒化了以階級鬥爭爲主要內容的大陸社會環境，這使得雙方（尤其是大陸）的現代化改革至少延遲了多年。現今「台獨意識」的瀰漫以及中共不輕言放棄武力攻台的態度，將會破壞兩岸人民已經達成的共識，使任何一種過激反應都變得具有合理性。這不能不引起人們的憂慮和警惕，避免民族主義的超常反應對兩岸人民帶來難以預料的後果。

台灣問題是當今世界最複雜的區域性難題之一，它與巴以衝突不同，那是在文化、種族、宗教、領土等方面長期爭執不休而且難以徹底解決的世界性難題，儘管各種矛盾交叉纏繞，難解難分，但核心始終是圍繞以色列人與周邊阿拉伯人爭奪生存空間的鬥爭，而且在和平過程中，已不再具有大國衝突的背景。台灣問題

雖然不涉及文化、種族、宗教等民族衝突問題，具有單純政治鬥爭的傾向，但潛伏的危機是極其複雜的，它首先是一個主權歸屬問題，隱藏著難以駕馭的民族主義如何演化的理勢，還有地域利益衝突問題，國際力量角逐的問題等，其中，最難預料的是圍繞台灣統一的方式可能導致中美武裝衝突並帶來災難性後果的問題。值得兩岸人民深思的是，和平統一中國有什麼理據？這其實只有兩點：海峽兩岸的中國人，共同創造並擁有一個共同文化傳統，也必將共同創造民族的未來，這是其一；海峽兩岸的中國人，從民族利益的大局出發，避免重陷冷戰的覆轍，不再作大國霸權的犧牲，這是其二。這些就是最重要的理據。統一儘管是理想層面的東西（雖然台獨分子不能苟同），變成現實則需要雙方付出難鉅的努力和必要的妥協。

在當代世界一體化的趨勢下，雙方以共同的文化、種族和歷史傳統作為認同基礎，逐漸克服意識形態的差異，這顯然促進了中國大陸、香港、台灣、新加坡以及其他華人社會經

濟文化的急速擴展，中國大陸與周邊華人區域的聯繫較之以往走得更加接近，並盡一切可能來汲取東亞模式的合理性因素，以便重新整合民族主義資源，這樣，文化價值與族體利益的一致性，將會大大提高華人社會在國際關係中的地位，經濟慣性和民族自信帶來的親合力量，也會加深兩岸關係的發展，在理性的民族主義共識中，為和平統一奠定基礎。

　　但是，在民族文化認同的過程中，由於中國民族主義發展的前景較為模糊，長期意識形態對抗造成的殘餘心態，仍然會在一定的時間內影響和制約兩岸關係的發展趨向，特別是美國對台灣問題越來越強硬的干預，不僅會再次誘發拼合冷戰時期地緣政治格局的訴求，也會重新陷入取納晚清以來以夷制夷策略的困境，成為幾個軍事大國在東亞角逐並共同控制中國的藉口。因而，在台獨問題上，儘管美國不會為台灣的利益去流血，但由此產生的軍售問題及隨之而來的武裝對抗問題，將會促使中國民族主義隨機化，再現冷戰時代的民族夢魘。

三、「政治中國」與「文化中國」的兩難

　　西方研究中國，一是出於政治的考慮，二是出於文化的好奇，因而中國文明在西方人眼裡，顯得既古老又神秘。從政治的角度看待中國，一般是以西方政治制度和意識形態作爲基本模式，凡是與之不同的東西，便視爲文明的異質，所以很少認眞地去研究像等級、集權、土地國有制、紳權家產制、官吏銓選制這些典型制度在中國歷史中的合理性；也有一些相當嚴謹的學者，從研析儒家學說在中國社會生活中的主導性入手，探討儒家對中國人的思維方式和價値觀念的影響，這樣，就從制度上和文化上將中國研究分成二個層面。而寓居海外的知識分子，也把這種方法用於現實中國的研究，有些人偏重於制度的改造，有些人偏重於文化的更新，形成了兩種有關中國發展前景的理念。

　　其實，在民族與國家同時發展的過程中，國家主義的社會共同體與文化民族主義的社會共同體是有區別的，但人們常常混同在一起。因為部落國家和部族是前資本主義時期的族體形態，民族國家和民族是資本主義出現以後的族體形態，所以國家主義的概念能夠涵蓋一切時代的族體形態，國家主義的社會共同體不僅是以臣民、制度、權威的觀念為中心，也以族群、地域、文化的觀念為內涵。這裡，文化民族主義與國家主義不是同一層次的概念，它僅以族群、地域、文化的觀念為中心，人們一直在預測民族的消退，而國家的範疇卻越來越廣泛。可以看出，國家主義是一個制度的概念，文化民族主義則基本是一個文化的概念。若進一步推論，「中華民族」的觀念只是一個文化的範疇，而不是制度的實體，若推行國家主義的政治理念，勢必造成制度的分殊。

　　然而，傳統的「華夏中心主義」觀念，卻具備了國家主義和民族主義的雙重內涵，既是一個政治理念，也是一個文化理念，因為這種

觀念將中國的制度和文化視爲最優，並以此理解中國處於中心位置的世界秩序，它的內涵是一種不切實際的帝國文明的心態，因而強調意識形態高於文化認同，而不計較民族的實際利益和生活願望。華夏中心主義雖然強調主權的獨立，強調文化的完整，但只能以意識形態的道德合理性爲前提，借助傳統制度的力量來支持政治的合法性。這種意識使中國人沉醉於制度和文化的優越之中，既不能正確認識自己在世界上的價值和作用，常常過高地估計自己的力量，又往往失去民族自信，因而不能正視中國落後的眞正原因；既滿足於道義和心理上的勝利，只關注文化和意識形態的純潔性，又不計較人力物力的損失，不考慮民族國家的實際的物質利益和精神利益，因而無法找到一條快速發展的正確道路。

　　「政治中國」(Political China)是一個歷史主義的概念，具有華夏中心主義的深刻內容，因爲「中國」一詞不可避免地擁有一統天下的臣民、制度和信仰系統，也頗具廣泛包容的族

群、地域和文化的含義，這是一個以歷史沿革、
歷史記憶、歷史傳統為背景的政治領域的概
念，而不是超越了社會組織形式和生產生活方
式的想像社群。這樣一個概念之所以成為中國
人普遍接受的政治文化觀念，是因為在幾千年
的歷史過程中，華夏民族擁有整體上的包容一
切的優勢，能對其他族群和地域集團發揮先進
的導向作用，以及中心凝集的作用。無論政黨、
國家、民族、包括國際關係的準則，都是以這
樣一個政治地域的概念為基本視點，離開了這
個根本，中華民族的經濟自立、政治獨立和文
化創新就無從談起。顯然，「政治中國」是一個
制度實體的概念，它只能有一部憲法和一面國
旗作為精神的象徵。

　　從這個意義推斷，「政治中國」又是作為國
家統一的原則，它能夠將那些有異於其他民族
的種族意識、文化意識，以及一切與國家利益
和民族發展有關的積極因素結合在一起。在今
天的地球上，存在著幾個華人世界，中國大陸
是最大的華人世界，也可以說是華人社會的母

體，其餘，台灣也是一個典型的華人社會，還
有香港和澳門。這些華人社會，從人口、地幅、
政治制度、社會經濟發展程度，存在著很大的
差異，有許多不能比擬的因素，也存在無法進
一步融合的限制。由於歷史的原因，同樣是中
華民族的中國人，受地域觀念的影響非常之
大，他們彼此可能被分成東北人或西北人，上
海人或廣東人，乃至台灣人或香港人，這雖然
都是以地域特徵爲前提，但仍不妨害他們保有
一個統合的「文化中國」（Cultural China）的
理念。當然，若能結合成一個「政治中國」，那
是一個理想。

　　在「政治中國」的概念中，又不可避免地
帶有涵容地域差異、制度差異的多元文化的傾
向，即在認同中華民族文化傳統的同時，也可
以按自己的社會模式生存。所以，「政治中國」
又具有共同體價值和社會多元理念的涵義，最
終超越意識形態或政治模式的差異。它可能會
帶來不同的政治動機，即保守主義政治或激進
主義政治的認同，或經濟民族主義和政治民族

主義的訴求，甚至還會有外國勢力改造中國政治制度的幻想。從歷史上看，中國統一是建立在農業文明的基礎之上，但現在這種農業文明已經不能適應現代社會的要求，那麼，「政治中國」只有可能在新的文化和制度的框架內完成，在現代文明的氛圍中塑造中國人的政治行為和經濟行為，最終突破政治傳統和社會制度差異，形成全民族認同的社會共同體價值。

　　然而，「文化中國」則是從客觀的文化視域，來理解廣大的中華世界，這是一個動態的心理結構，而不是靜止的制度實體。構成「文化中國」的精神心理資源，顯然是瀰漫於華人世界的普遍歸屬感以及關切中華民族福祉的社群使命感。「文化中國」是相對於「政治中國」而言，用杜維明的話來說，「是在以權力和金錢為論議主題的話語之外，開創一個落實日常生活，又能展現藝術美感、道德關切、宗教情操的公共領域」。

　　一些學者認為，中國最大的危機，已不再是被外來侵略所瓜分，卻是民族靈魂的自我腐

爛，出於這種強烈的民族自強意識，「文化中國」的概念是把凡屬擁有中國文化基因和受中國文化結構影響的人們，都涵蓋在內，形成一個泛文化的概念，就像人們說希臘文化未必就侷限於希臘本土一樣。「文化中國」的核心觀念是以弘揚儒家文化為根基，將那些能夠提取的現代性盡最大可能都發掘出來，深入到敬業精神、經營意識、管理方式、生產組織、貿易競爭策略中去，沿著儒家思想的印跡，把中華文化發揚光大。對此，杜維明說得更加坦率，即未來中國文化發展要靠邊緣化，像辛亥革命那樣從外部推動文化更新。

　　「文化中國」的提出背景，乃是針對中國在種族和地域出現的分裂這個事實，強調全世界各地區的中國人，在文化根源上是共同的，以便促進大陸、台灣、港澳以及各地華人的經濟文化學術的廣泛交流，以找尋一個共同的論議話題。主張「文化中國」觀念的人們進而提出，中國人之所以是中國人，不在於他們的黑頭髮、黑眼睛、黃皮膚的種族特徵，也不在於

他們的方塊字、單音階、多辭義的語音系統，
而是他們都有長期歷史積澱形成的共同文化心
理特徵和民族倫理精神傳承，所以，中國文化
不僅塑造了中國人的外型，也陶鑄了中國人的
心靈。從文化意義來說，中國不是分裂的，而
是統一的，從歷史的眼光看，中國在政治地域
上的分裂只是暫時的，而統一的中國將在歷史
的長河中永存。他們因此主張，「文化中國」具
有長久和永恆的意義，而不必附加給它別的什
麼理論和政治意義。

　　「文化中國」論域的設構，乃是典型的文
化主義的視角，即以儒學道統中的道德理想主
義作爲中心範疇，它雖然致力於儒學傳統與西
方文化的比較，並企盼能夠將儒學自動轉化成
一種普遍性的供人操作的價值，但是，這些儒
學資源在現實中如此稀薄以至價值領域的認同
如此缺失，卻與儒學傳統和現實架構有關。所
以，對傳統文化的反思，要充分認識到它的反
民主的權威政治、小農經濟的保守意識、宗法
等級的人治思想，還有奴性教化的精神控制、

斬殺生靈的綱常名教、標榜父權君權的忠孝倫理等等，只有徹底脫開這些傳統，才能開闢「文化中國」的價值領域。可見，「文化中國」基本屬於一種浪漫化的文化構想，缺乏深刻的批判能力，尤其是缺乏意識形態建樹和政治要求。

由文化民族主義衍生的「文化中國」的概念，雖然與「政治中國」的概念並不完全矛盾，但要害是避實就虛，它將文化價值的虛構與現實架構的齟齬都混雜在一起，搬到文化更新的環境，讓人撲朔迷離。其實這並不奇怪，因為「文化中國」從一開始就排除了民主、人權之類的話語，去空泛地談論儒家文化的普遍性。對於一個處於轉型的社會來說，民主制度雖然不是萬能的，但它意味著人民力量的強大，以及人的價值與尊嚴的完整，它不僅可以使社會權力機制的產生趨於正常化，而且對於根除腐敗、消除暴虐、維護社會的安全與穩定，都是不可忽視的力量。但在一個沒有民主傳統的社會中，人們只有服從的倫理和義務，那麼，一個民族或社會又怎能煥發活力，實現文化更新

呢？隨著現代化的深入，人們越來越認識到，
否認民主、自由、人權的存在，是激起各種矛
盾的根源。所以，「文化中國」的概念具有強烈
的沙龍氣息，這也是海外知識分子按邏輯關係
將「文化中國」與「政治中國」加以對立的原
因。

　　需要指出的是，中國與其他地域的後殖民
批判不同，民間的情感成分相對較薄弱，政治
的理念也有意無意地迴避存在於現實生活中的
暴力、壓迫和不公，因而不僅能夠和文化民族
主義相安共處，也提供了一種有利於控制和化
解的文化重建模式，這使得歷史主義的「政治
中國」與倫理主義的「文化中國」均處於兩難
的境地。從這個意義出發，儘管香港、澳門都
是利用與西方緊密接觸而發展起來的華人中介
社會，但在回歸以後，如何尋找自己的經濟發
展和政治特殊性的定位，顯然還是一個未知
數。可以肯定的是，它們仍會模仿文化民族主
義的方式，來抬高自己的地位，同時加上中間
偏左的政府形式，殖民地時代的嚴格管理，以

及少數富豪利益的特殊保障。

四、理性的文化民族主義與
　　中國的崛起

　　在人類即將邁入二十一世紀的前夕，中國人再也不能僅僅以天真的炎黃子孫自居，而必須從全球的觀念來審視自己的民族主義意識，擺脫歷史的重負，爭取積極參與和設計國際新秩序，這將超越政治和意識形態的壁壘，發揮民族經濟和文化的巨大影響力，緩和對抗的趨勢，遵循分散融合之道。歷史證明，一個民族只有具備了清醒的自我意識和足夠的自知之明，才能認清自己在世界文化中的位置，認清自己的優點和不足、美德與陋俗，從而自覺地樹立起旺盛的民族精神與健康的民族性格，但傳統的文化制度和政治結構，卻造就了愚昧、守舊、怯懦、盲從等積習陋俗，長期制約著民族的發展。

　　中國的社會轉型，方向雖不明確，但由利

益群體結構的亟待操作的目標,正在繼續向全
社會推廣,而後殖民主義和後現代主義的語
境,新權威主義和新保守主義的氛圍,會交疊
混融在一起。所以提升文化民族主義,不僅成
爲救世救心的手段,也成爲捍衛權力的秘笈。
然而在中國文化中,由於對個體權益一向忽
視,社會群體精神相對缺乏活力,民族主義的
集體價值相對空泛,以傳統的忠孝思想和宗親
意識建構的民族倫理精神,很難成爲穩定持久
的內聚力量,由文化優越和種族認同支撐的民
族自信心理,也很難發揮促進中國全面現代化
的積極作用。

　　中國文化只注重形式的「公」,而不注意
「公」的形式下出現的各種極端化傾向,包括
專制集權傾向和極端利己傾向的影響,所以,
人的認知理想與生存目的相異化,造成了群體
價值與個人價值的疏離,這其實是中國民族主
義發育不全的深層因素。民族主義的構成肯定
來自一個社會的文化傳統和歷史遺存,但只有
在同其他民族的文化進行比較時才有意義,並

且同世界性的價值規範相聯繫時才有活力,如
市場經濟、民主政治、法治體系、人權標準、
公平道義等等。如果將民族主義看成是一種機
會主義式的選擇,那麼,它就必須正視這些普
遍價值的存在,拿來作爲新的文化和制度的建
構。

在當今世界上,已經沒有孤獨的文化了。
不同民族的文化相互碰撞,相互融合,已經成
爲不可逆轉的時代潮流。人類的經驗表明,一
個民族的生命力和創造力,源於它的民族精神
對眞理的追求和信仰,而民族精神的消沉或瓦
解,便意味著民族的衰亡。在不同的社會中,
人心渙散、道德淪喪、文化虛無以及經濟不景
氣的原因儘管很多,最主要的還是自身民族價
值意識的失落。中國的文化民族主義試圖擺脫
西方帝國主義強加給中國人的夢魘,強調走自
己的道路,以便能夠煥發民族精神,然而卻隱
含了一個不言而喻的動機,這就是盡最大可能
來消除西方價值對現代化趨向的影響,可是,
一旦與現代工業文明或世界普遍規範脫開,就

可能走向另一個極端，回到傳統制度和管制經濟的老路上去。

　　現代化社會有兩種潛在的危機，即社會生活的過度政治化和過度私人化，它既突出了政治控制的存在，也突出了個人不受控制的範圍，所以民族主義不僅受到集權主義的壓力，也受到自由主義的壓力，其內在的邏輯在於：第一，私人生活的範圍是以全民政治自由為保障，如果公民無法參與政治而放棄有效制約公共權力的責任，那麼歸根結底私人生活的自由無法保障；第二，一個民族的偉大素質只有在其公民充分參與行使權力時才能顯現出來，即使社會不再有更多的人為了理想而放棄現世的幸福，但也絕不可以為了眼前的私欲而放棄理想。所以，建構一種理性的民族主義，必須以現代性為前提，而思想自由和民主精神將擴大人的視域，提高人的道德層次，並形塑一種群體性和理知性的素質，從而奠定民族的光榮與昌盛。

　　文化民族主義在九十年代重新興起，有著

非常特殊的工具主義背景，即是說，對內可以重新整合意識形態，有效地確立政治文化的權威性和合理性，對外可以重新劃定道德標準，把那些複雜委婉的外交謀略變成理直氣壯的國家利益的要求。在某種意義上，文化民族主義的動機不是著眼於社會制度的某些改革，而是受政治本質的限定，去排除各種新興經濟力量聯合起來監督國家的可能。而改革在很大程度上是靠傳統社會的非正式規則的幫助，即把政府管的事交給民間社會的規則去管，政治則傾向於加強那些舊體制已被削弱了的職能，當政治效率變得越來越低，並且不斷從經濟中心撤出時，取而代之的便是那些未經提煉的傳統協調機制，而家族、黑幫、行會、宗教力量便可以借助文化民族主義繼續發揮作用。

在原則上，民族主義的經濟要求應該承擔的道德義務和社會責任，是保障每一個人的完全的經濟利益，換言之，經濟發展已是國家維持政治合法性的唯一來源。所以，為了降低價值和利益的不確定性，它要求政治必須具有某

種僵硬的、照章辦事的行為規範，即權威性的法治體系。然而，經濟運作總是與同一時期的國家主義相聯繫，像瓦解前的蘇聯體系那樣，蛻化成政治或文化方面的官僚制度，因此，一個技術官僚的、權威主義的、低能量的政治方式，將不會容忍社會繼續變革的要求，同時也無法提供維持經濟進步的最有力的環境。儘管依賴稅收和企業效率在經濟比例中的提高，能夠實現足以遏制各種經濟力量的壟斷機制，但是，一旦經濟出現連續跌落，便會深刻改變現存的利益格局，正像財政危機使中世紀歐洲王權最終與資產階級、新貴族妥協並接受他們的憲政一樣。

　　在文化民族主義能夠汲取的理性資源中，應該保持一種後烏托邦精神，雖然後烏托邦不是一種具體的社會理想，或是對中國社會發展方向的具體描繪，但它作為對民族精神和文化特徵的操持，在與西方文化交鋒或融合過程中，會逐漸取得一種全民認同的意識形態權威，它不僅涉及文化建構的未來預見，也涉及

到經濟方式的現實選擇。無論怎樣，文化民族
主義要依靠那些人類現成的理性資源，即近代
民族國家形成過程中發揮深遠影響的啓蒙主義
的批判理念，以及中國五四以來的民族意識和
民主觀念，否則，在後殖民主義和後現代主義
的環境中，極易迷失方向。

　　在衆多的亞洲國家中，民族主義的集體價
值意識雖然較強，但集體配合的效率往往很
低，部分原因是由於這些國家的意識形態系統
一般都比較粗糙，除了籠統的愛國忠君的口號
之外，沒有實際的理論建樹，在涉及民族主權
時固然能夠發揮效能，但很難與大衆的直接利
益相協調，雖然傳統的神話、榮譽、理想和獻
身精神可以補償這一缺疏，但同時又使文化的
多元認同受到抑制。在進入現代性以前，僅有
少數的民族社會保持了類似俄國、日本那樣的
領土連續性和持久的王權統治，像中國、土耳
其、伊朗、阿富汗、泰國等，沒有被完全殖民
地化，並保持它們政治完整的緣由，並非完全
靠它們的民族主義力量，而是因爲它們能在大

國衝突和相互爭奪的環境中保持了一種不穩定的平衡，因此，過高地估計這種民族主義的價值，將是有害的。

　　從今日亞洲所處的環境看，儘管日本還維持著一定的經濟強國的地位，但是，以中國人為主的儒家化的經濟組合正在急速崛起，成為新的工商業、金融的強有力中心。這個戰略性地區具有深厚的經濟潛力，包括台灣的強大的科技和生產能力，香港的卓越的企業、行銷和服務體系，新加坡的良好的通訊電子工業，以及它們的龐大的金融資本集結，甚至還包括中國大陸可供使用的廣袤土地、資源和勞動力，這個受傳統宗族精神牽引的巨大精神網絡，被視為東亞經濟的脊樑。然而，東亞地區的經濟前景雖然令人鼓舞，但其中潛伏的各種文化和利益的衝突也在悄然浮現，而美國，日本，甚至俄國，都試圖在未來東亞的格局中發揮影響。

　　美國在新世紀到來之時，將繼續維持它在亞洲的存在，試圖排擠美國出局，幾乎是不可

能的。美國在大陸與台灣關係上，一直處於舉
足輕重的主導地位，它的戰略構想並不是提供
一個解決問題的方式，而是維持一種不戰不和
的狀態，因爲只有不戰不和才對美國最有利。
所以，台灣問題的最大障礙在美國一方，同時
台海爭端的最大贏家也在美國一方，無論採取
哪一種解決方式，美國都會從中得到巨大的利
益。美國堅持一個中國的立場，並不排除它對
中國實行政治制度改造的意圖，只是不便明說
罷了，而它許諾支持台灣在不涉及國家身分的
國際組織中爭取活動空間，並繼續向台灣提供
適當的防禦性武器，使其具有可靠的嚇阻能
力，也是出於避免讓「台獨問題」使美國陷入
兩難境地，從而長久地拖延下去，造成既定的
事實。美國採取不對兩岸關係提供解決辦法或
不反對兩岸和平統一的策略，顯然也是出於它
在遠東利益的考慮，但美國暗示對未來可能的
海峽兩岸的危險中，保留可能動武的權利，這
正是美國對《台灣關係法》予以某種程度的模
糊考慮的內緣。

　　共產主義和資本主義作爲意識形態，都是
近代民族國家形成以來出現的不同取向的價值
符號，是兩種有關現代化的政治經濟制度的理
念，儘管對這兩種制度的選擇已不再具有對抗
的意義，但這並不能取代民族國家的利益訴
求。無論中國社會向哪種方向轉變，在地緣利
益衝突的問題上，美國都會同樣將其視爲一種
潛在威脅。既然中國在二十一世紀的崛起是不
可避免的，所以經濟文化的相互影響、相互滲
透是防止進一步陷入新的冷戰邊緣的最有希望
的途徑。但是，在一些西方強硬派看來，鑒於
中國的政治、軍事和經濟目標越來越不同於美
國的目標，因此到了對中國採取遏制政策和懲
罰措施的時候了，有人甚至提出，美國應該決
心和它的盟國一道，建立一種更有效的非威懾
力量，就像「星際大戰計畫」那樣的亞洲防禦
系統，這將爲亞洲帶來新的政治衝擊。在南中
國海島礁歸屬問題上，以及東中國海島嶼歸屬
問題上，各個鄰近國家的針鋒相對，也會帶來
衝突的隱憂。

　　迄今爲止，日本並沒有對過去的戰爭罪行進行深刻地反省，仍然堅持「沒有對東南亞國家進行殖民統治」的說法，甚至美化自己是「將這些國家從西方的統治中解放出來」，這表明日本右翼勢力的抬頭。他們除對以天皇爲中心的帝國主義抱有很深的眷戀之外，還夢想再現皇軍昔日的輝煌。在強占釣魚台島嶼問題上，實際是日本政府縱容右翼團體的結果。從根本上看，日本並沒有因二次大戰中的失敗而接受這個慘痛的敎訓，它的文化異質中的帝國思想和強權意識也因此潛伏下來，當日本的經濟實力和國際影響日益壯大以後，又以偏激的國家主義和民族主義的面目出現。有朝一日，如果日本擺脫了戰後強加給它的一切束縛，勢必成爲亞洲和平與安全的潛在危險，並可能對未來的日美關係、日中關係罩上復仇主義的陰影。

　　俄羅斯在反對北約東擴的立場變得更加強硬之後，她的雙頭鷹徽上始終朝向東方的那隻眼睛，也會變得貪婪起來，使大俄羅斯主義再次從亞洲找到它的視點，積極插手亞洲的事

務，力圖恢復冷戰時期的戰略格局。儘管俄羅斯在意識形態上失去了從前的顯赫地位，同時也被國內經濟和政治的諸多問題所困擾，然而它仍會利用不斷增長的民族主義情緒，尋找時機雪洗冷戰後被排擠出亞洲格局的恥辱。杭廷頓雖然將後冷戰思維作為外交政策的基石，主要是針對歐洲安全問題提出的，但他的確忽略了甦醒中的俄羅斯在東亞與美日抗衡的歷史。當俄羅斯終於找到機會，在亞洲深深地插入一個楔子時，一切將會變得與冷戰時期的對抗格局一樣，又回到幾個軍事大國爭霸的態勢，給亞洲人民帶來更加嚴重的後果。

在這種多元利益格局的背景下，中國民族主義將得到進一步的提升，這是一種自然的選擇。然而，缺乏理性的文化民族主義，畢竟是一種低層次的民族主義情緒，而確立一種理性的文化民族主義，就必須從經濟、政治和社會制度的改革中，汲取強大的能量，這是一個國家永遠立於不敗之地的根基。其實，從歷史的進程而言，傳統的文化民族主義也不乏理性主

義的傾向，像古代的「心同理同，四海皆準」的觀念，就說明中國文化精神有時也作為一種支配民族思維的基礎。一些西方學者也不得不承認世界主義的傾向對中國民族性的影響，他們提出：「中國在它的大部分時期，沒有建立過侵略性政權，也許更為重要的是，中國的偉大的哲學家和倫理學家的和平主義影響使它的向外擴張受到約束……它們也確實有過征服，但是，它們兼併的土地幾乎都是沒有開發的地區。它們很少用武力把它們的意識形態強加給被征服民族，但是，卻把同化被征服民族，使之成為它們的高級倫理制度的受益者當做自己的天職。」（伯恩斯與拉爾夫合著：《世界文明史》第1冊，1986年）

從長遠來說，中國正因為步伐緩慢，審慎行事，所以才能獲得持續和穩定發展的機遇，達到今日的規模，而且具有了相應的政治影響和經濟潛力。然而在中國人充滿自信的同時，也有大量的華人同胞寧願冒著西伯利亞嚴寒和太平洋波濤去尋找「天堂」，還有大量的華人精

英長期滯留在西方國家等待「歸化」，這不能不
看成是文化民族主義的失落和困頓。從這個具
有諷刺意味的現象出發，對中國文化民族主義
的反省，只能從本土制度和本土文化中去找原
因，它表明，只有確立一種建基在富足和人道
基礎上的理性民族主義，才能成爲中國走向更
加強大的推動力量。

參考書目

中文部分：

1. 〔英〕湯因比：《歷史研究》，上海人民出版社，1986年版。

2. 〔美〕露絲·本尼迪克特：《文化模式》，生活·讀書·新知三聯書店，1992年版。

3. 〔美〕羅伯特·賴克：《國家的作用──二十一世紀的資本主義前景》，上海譯文出版社，1994年版。

4. 〔美〕道格拉斯·諾斯：《制度、制度變遷與經濟績效》，上海三聯書店，1994年版。

5. 〔德〕詹森：《原始人中的神話與崇拜》，生活·讀書·新知三聯書店，1993年版。

6. 〔德〕韋伯：《新教倫理與資本主義精神》，生活·讀書·新知三聯書店，1992年版。

7. 塞謬爾·亨廷頓：《文明的衝突》，香港中文大學中國文化研究所，《二十一世紀》1993年10月號。

8. 白魯恂：《中國民族主義與現代化》，香港中文大學中國文化研究所，《二十一世紀》1993年2月號。

外文部分：

1. Johnson, H. G.： "A Theoretical Model of Economic Nationalism in New and Developing States", *Political Science Quarterly,* Vol, Lxxx, No, 2 (1965)

2. Kamenka, E.： "Political Nationalism——The Evolution of the Idea", *Nationalism* (New York: St. Martins Press 1976)

3. J. Plamenatz： "Two Types of Nationalism", E. Kamenka ed: *Nationalism* (New York: St. Martins Press 1976)

4. J. Hutchinson and A. D. Smith eds: *Nationalism* (Oxford: Oxford University Press, 1994)

5. Murray Weiden baum： "Creater China: The Next Economic Superpower?", (February 1993)

性革命

文化手邊冊 13

作者: 陳學明

策劃: 孟樊

訂價: 150 元

經過二、三十年後的今天，「性革命」在西
方世界基本上已偃旗息鼓，卻在東方世界重
振雄風， 尤其在今天「性解放」口號叫得如
此響亮的臺灣，本書之出版有指點迷津的作
用。本書介紹三位「性革命」理論家-----
佛洛伊德、 賴希、 馬庫色的有關理論， 並
對「性革命」的來龍去脈，有提綱挈領式的
說明，讓讀者對「性革命」一詞能一目瞭然 ，
是從事「性政治運動」者， 不可不讀的一本
手冊。

同性戀美學

文化手邊冊 22

作者: 矛鋒

策劃: 孟樊

訂價: 150 元

《同性戀美學》揭示出同性戀生活方式的美學意義，洗刷掉蒙在這種生活方式上的歷史污垢，展現出人類探索自身，解放人性，追求完美的悠久歷史和廣闊前景，使當代同性戀文化的道德尊嚴獲得美的光照。作者以極大的勇氣，對古今中外文明中普遍存在的同性戀文化美學表現進行研究，意圖打破傳統的文化偏見和心理禁錮，揭開久經掩蓋的文化史和美學史的「暗幕」，呈現出人性的本真。

文化手邊冊 35

文化民族主義

作　　　者／郭洪紀
出　版　者／揚智文化事業股份有限公司
發　行　人／葉忠賢
登　記　證／局版北市業字第 1117 號
地　　　址／台北市新生南路三段 88 號 5 樓之 6
電　　　話／(02)2366-0309　2366-0313
傳　　　真／(02)2366-0310
印　　　刷／偉勵彩色印刷股份有限公司
法律顧問／北辰著作權事務所　蕭雄淋律師
初版一刷／1997 年 9 月
初版二刷／2000 年 8 月
定　　　價／新台幣 150 元

南區總經銷／昱泓圖書有限公司
地　　　址／嘉義市通化四街 45 號
電　　　話／(05)231-1949　231-1572
傳　　　真／(05)231-1002

ISBN　957-8446-26-8
網址：http://www.ycrc.com.tw
E-mail：tn605547@ms6.tisnet.net.tw

國家圖書館出版品預行編目資料

文化民族主義 ＝Cultural　nationalism /
郭洪紀著. --- 初版. --- 臺北市 ：
揚智文化，1997 ［民86］
　面 ； 公分. ----（文化手邊冊 ； 35）

ISBN　957-8446-26-8（平裝）

1. 民族主義　2. 文化

571.11　　　　　　　　　86007751